J.-F. Mallet

SIMPLISSIME

DAS EINFACHSTE KOCHBUCH DER WELT

light

EMF

EIN BUCH DER
EDITION MICHAEL FISCHER

Dieses Werk ist kein Diätbuch, sondern eine Sammlung leichter (oder leichter gemachter), gesunder, leckerer und abwechslungsreicher Rezepte. Es ist die Antwort auf eine Frage, die ich von meinen Freunden – Frauen wie Männern – regelmäßig gestellt bekomme: Wie kann man sich gut ernähren, ohne dabei zuzunehmen, wenn man etwas anderes essen will als drei Salatblätter, einen Joghurt und einen Apfel?

Sich etwas zu gönnen und trotzdem auf die Gesundheit und die Linie zu achten, jeden Tag 5 Portionen Obst und Gemüse zu essen und immer wieder etwas Neues zu zaubern, und das nur mit den paar Zutaten, die man im Gefrierfach oder im Küchenschrank hat oder problemlos im Laden um die Ecke bekommt – das ist durchaus möglich.

Mit diesem Buch möchte ich Ihnen Rezepte für den Alltag vorschlagen: schnell, unkompliziert und für jeden Geschmack. Durch die geniale Kombination aus besonderen Aromen und einfachen Zutaten können Sie leichte und köstliche kleine Gerichte zaubern und damit sogar Eindruck schinden, ohne stundenlang in der Küche zu stehen.

Die Rezepte mit 3 bis 5 Zutaten sind verständlich erklärt und einfach zuzubereiten. Sie werden lernen, wie man Gemüse dämpft oder rotes Fleisch kocht. Sie werden wunderbare, superleichte klassische Saucen kreieren – sogar Mayonnaise –, die als Begleiter von Gekochtem, Gegrilltem oder Salat im Zentrum Ihrer Mahlzeiten stehen. Sie werden entdecken, dass sich aus einer Bouillon auf Basis von grünem Tee, einem in Pergament gegarten Fisch oder einer in Wasser gekochten Lammkeule tolle kleine Gerichte für jeden Tag machen lassen, mit denen Sie schlank und in Form bleiben. Ich wünsche Ihnen viele schöne Momente in der Küche und vor allem guten Appetit.

GEBRAUCHSANWEISUNG

Für die Rezepte in diesem Buch gehe ich davon aus, dass Sie Folgendes im Haus haben:

- fließendes Wasser
- einen Herd
- einen Kühlschrank
- eine Bratpfanne
- einen gusseisernen Schmortopf oder Bräter
- ein scharfes Messer
- Salz und Pfeffer
- Olivenöl

(Falls nicht, wäre das jetzt vielleicht der richtige Moment für eine kleine Investition)

Unvermeidliche Anschaffung:

- **Dampfgarer:** Idealerweise ausgestattet mit Zeitschaltuhr, bringt er eine beträchtliche Zeitersparnis und garantiert, dass die Rezepte in diesem Buch gut gelingen.

Welche Grundzutaten sind unverzichtbar?

- **Besser frisch als aus der Konserve:** Sie werden in diesem Buch fast keine Konserve finden, abgesehen von den unentbehrlichen wie Kokosmilch und Tomatenmark.
- **Tiefkühlprodukte:** Selbst wenn man vor allem mit frischen Produkten kocht, ist es manchmal praktischer, Zutaten wie Erbsen, Meeresfrüchte und Fischfilets tiefgekühlt zu kaufen.
- **Kräuter:** Frische Kräuter sind unvergleichlich, ihnen sollte man immer den Vorzug geben! Falls Sie wirklich einmal keine zur Hand haben, können Sie zur Not auch die tiefgekühlte oder getrocknete Variante verwenden (schmeckt aber weniger gut).
- **Öle:** Olivenöl – immer natives Olivenöl extra, das ist das beste –, Nussöl, Sesamöl, Walnussöl.
- **Obst und Gemüse:** Kaufen Sie möglichst Obst und Gemüse der Saison, vorzugsweise aus biologischem Anbau (vor allem Zitronen, da man sehr oft auch die Schale verwendet).
- **Sojasauce:** Vorzugsweise japanische vom Typ Kikkoman® – die mit dem grünen Verschluss ist nicht so salzig.

Welche Küchentechniken werden verwendet?

- **Im Wasserbad zubereiten:** Mit dieser Technik kann man Lebensmittel schmelzen oder garen, ohne dass sie anbrennen. Stellen Sie das Gefäß mit der zu erwärmenden Masse in oder über einen größeren Topf mit kochend heißem Wasser.
- **Marinieren:** Zutaten in eine aromatische Flüssigkeit legen und ziehen lassen, um sie zu würzen oder zarter zu machen.
- **Eiweiß steif schlagen:** Geben Sie 1 Prise Salz zum Eiweiß. Wenn Sie ein Handrührgerät verwenden, schalten Sie nach und nach auf die höchste Geschwindigkeitsstufe. Mit dem Schneebesen immer in eine Richtung schlagen, damit der Eischnee nicht zusammenfällt.
- **Eine Orange schälen:** Mit einem scharfen Messer die Schale samt der weißen Haut entfernen. Zuerst oben und unten einen „Deckel" von der Orange abschneiden, dann rundum, von oben nach unten, die Schale in mehreren Streifen entfernen. Dabei das Messer unterhalb der weißen Haut entlangführen.

- **Reduzieren:** Eine Sauce oder Brühe bei starker Hitze einkochen, indem man die Flüssigkeit teilweise verdampfen lässt (also keinen Deckel aufsetzen). Dadurch wird der Geschmack intensiver, und man erhält eine cremigere Konsistenz.
- **Zitronenzesten herstellen:** Zitronenzesten kann man auf drei Arten herstellen. Als Anfänger oder um sehr feine Zesten zu erhalten, schaben Sie die Zitronenschale am besten mit einer Käsereibe ab. Dabei über jede Stelle nur einmal reiben, ohne die bittere weiße Schicht mitzunehmen. Als Profi oder um Zesten zu erhalten, die wie Fadennudeln aussehen, verwendet man einen Zestenreißer. Wer besonders pfiffig ist oder so etwas wie Späne haben will, benutzt einen Sparschäler.
- **Dampfgaren:** Viele glauben, gedämpfte Speisen seien trist und schmeckten nach nichts. Aber Vorurteile beiseite: Dampfgaren ist light, weil kein Fett verwendet wird. Es ist ungefähr so, als würde man etwas gleichzeitig im Ofen garen und in Wasser kochen, nur dass dabei die Vitamine erhalten bleiben. Diese Garmethode ist ideal für Gemüse, Fisch, Geflügel und zartes weißes Fleisch. Für rotes Fleisch empfiehlt es sich hingegen weniger. Dennoch können Sie damit sehr saftiges Fleisch und sogar Wild zubereiten – Sie müssen nur den Anleitungen in diesem Buch folgen!

Welche Utensilien brauche ich?

- **Dampfgarer:** Er ist der ideale Apparat, wenn man beim Kochen nicht ständig aufpassen möchte. Ein Dampfgarer besteht aus 2 oder 3 übereinandergestapelten Dämpfkörben, in denen sich Vorspeise und Hauptgericht gleichzeitig zubereiten lassen.
- **Handrührgerät:** Mit seinen Quirlen ist es bestens geeignet zum Mischen von Saucen oder um Eiweiß oder Sahne steif zu schlagen. Es lässt sich jedoch auch durch einen Schneebesen und pure Muskelkraft ersetzen!
- **Stabmixer:** Ein Stabmixer, auch Pürierstab genannt, dient zum Mixen von Flüssigkeiten (Suppen, Smoothies, Milchshakes), ist äußerst praktisch, nicht teuer, platzsparend und verursacht zudem kaum Abwasch, da man zum Mischen keine Extraschüssel braucht.
- **Standmixer:** Er ist zwar teurer und sperriger als ein Pürierstab, sorgt aber für eine sämigere, cremigere Konsistenz. Andererseits fällt aber auch mehr Geschirr für den Abwasch an, da man die Zutaten in den Mixbehälter umfüllen muss.
- **Küchenmaschine:** Wie der Name bereits vermuten lässt, ist sie ein Multifunktionsgerät mit vielen Anwendungsmöglichkeiten. Neben Aufsätzen zum Pürieren, Rühren und Kneten gibt es zahlreiche Erweiterungen wie Fleischwolf oder Milchschäumer.

Wie stelle ich den Gasbackofen ein?

90 °C: Stufe 3	150 °C: Stufe 5	210 °C: Stufe 7	270 °C: Stufe 9
120 °C: Stufe 4	180 °C: Stufe 6	240 °C: Stufe 8	300 °C: Stufe 10

Das war's auch schon.

SESAM-GRISSINI

364 kcal/Pers.

—

Veggie

—

glutenfrei

Buchweizenmehl
200 g

gemahlene Mandeln
80 g

Frischkäse 20 %
120 g

Sesamsamen
2 EL

Zubereitung: 15 Min.
Backzeit: 10 Min.

- **Mandeln**, **Mehl** und **Frischkäse** zu einem glatten Teig verkneten. Den Ofen auf 180 °C vorheizen.
- Aus dem Teig kleine Kugeln formen, dann zu Grissini rollen und in **Sesamsamen** wenden.
- Die Grissini auf ein mit Backpapier belegtes Backblech legen und 10 Minuten bei 180 °C im Ofen backen. Lauwarm servieren, dazu einen Dip aus zerdrückten Avocados reichen.

PASTINAKEN-HUMMUS MIT KORIANDER

68 kcal/Pers.

—

Veggie

—

dampfgegart

Pastinaken
x 2

Koriandergrün
1 Bund

Currypulver
2 EL

Magerquark
2 EL

Olivenöl
1 EL

Salz, Pfeffer

Zubereitung: 15 Min.
Garzeit: 25 Min.

- Die **Pastinaken** schälen und 25 Minuten dämpfen, dann zu einem Püree zerstampfen.
- **Koriandergrün** waschen und hacken, mit **Currypulver**, **Magerquark** und **Olivenöl** zum Pastinakenpüree geben. Salzen, pfeffern und alles gut mischen. Kalt mit Rohkost-Sticks zum Dippen servieren.

FRÜHLINGSROLLEN MIT BIRNE

107 kcal/Pers.

—

glutenfrei

—

laktosefrei

Birnen
x 2

Bündnerfleisch
4 Scheiben

Rucola
100 g

Koriandergrün
1 Bund

Reispapier
x 8 (21 cm)

Zubereitung: 10 Min.

- Die **Birnen** schälen und achteln. **Koriandergrün** und **Rucola** waschen und trocken tupfen.
- Kurz vor dem Servieren das **Reispapier** in Wasser tunken, dann mit der glatten Seite nach unten auf die Arbeitsfläche legen.
- Die Zutaten auf die obere Hälfte der Reispapierblätter legen und fest aufrollen. Im Ganzen oder aufgeschnitten servieren.

FRÜHLINGSROLLEN MIT GARNELEN

70 kcal/Pers.

—

glutenfrei

—

laktosefrei

gekochte Garnelen
x 24

Kiwis
x 2

Minze
18 Blätter

Koriandergrün
1 Bund

Reispapier
x 8 (21 cm)

Zubereitung: 10 Min.

- Die **Garnelen** auslösen. Die **Kiwis** schälen und achteln. **Kräuter** waschen und trocken tupfen.
- Kurz vor dem Servieren das **Reispapier** in Wasser tunken, dann mit der glatten Seite nach unten auf die Arbeitsfläche legen.
- Die Zutaten auf die obere Hälfte der Reispapierblätter legen, die Ränder darüberschlagen, fest aufrollen – und servieren.

FRÜHLINGSROLLEN MIT LACHS

112 kcal/Pers.

—

glutenfrei

—

laktosefrei

Räucherlachs
8 dünne Scheiben

grüne Äpfel
x 2

Kopfsalat
4 Blätter

Basilikum
16 Blätter

Reispapier
x 8 (21 cm)

Zubereitung: 10 Min.

• **Äpfel** schälen und in dünne Scheiben schneiden. **Salat** und **Basilikum** waschen.

• Kurz vor dem Servieren das **Reispapier** in Wasser tunken, dann mit der glatten Seite nach unten auf die Arbeitsfläche legen.

• Die Zutaten auf die obere Hälfte der Reispapierblätter legen, fest aufrollen. Im Ganzen oder aufgeschnitten servieren.

ROCHENFLÜGEL-RILLETTES MIT TOMATEN

196 kcal/Pers.

—

glutenfrei

—

laktosefrei

Rochenflügel
800 g

Tomaten
x 2

junger Blattspinat
60 g

körniger Senf
2 EL

Kapern
60 g

Zubereitung: 25 Min.
Garzeit: 20 Min.

- **Spinat** waschen, die Stielenden entfernen und die Blätter dritteln. **Tomaten** fein würfeln.
- **Rochenflügel** in einem Topf mit Wasser bedecken und bei schwacher Hitze 20 Minuten ziehen lassen. Herausnehmen, Haut und Knorpel entfernen, das Fleisch zerkleinern und mit den restlichen Zutaten mischen.
- Die Rillettes lauwarm oder kalt servieren.

HÄHNCHEN-ZUCCHINI-SPIESSE

224 kcal/Pers.

—

glutenfrei

—

laktosefrei

Hähnchenbrustfilets
x 2 (in Streifen geschnitten)

Zucchini
x 1

unbehandelte Zitronen
x 2

getrockneter Thymian
1 EL

Olivenöl
2 EL

Salz, Pfeffer

Zubereitung: 20 Min.
Marinierzeit: 30 Min.
Garzeit: 20 Min.

- Den Ofen auf 180 °C vorheizen. **Zucchini** mit einem Sparschäler in dünne Streifen schneiden. Je einen Zucchini- und Fleischstreifen aufeinanderlegen, aufrollen und auf Spieße stecken. **Öl**, abgeriebene **Zitronenschale, Thymian** und **Zitronensaft** mischen. Die Spieße 30 Minuten darin marinieren, salzen, pfeffern und im Ofen 20 Minuten garen. Heiß oder kalt servieren.

ROHER FISCH NACH TAHITI-ART

422 kcal/Pers.

—

laktosefrei

—

glutenfrei

Schwertfisch
600 g

Kokosmilch
400 ml

Möhre
x 1 (groß)

Limetten
x 4

Koriandergrün
1 Bund

Salz, Pfeffer

Zubereitung: 15 Min.
Marinierzeit: 5 Min.

• Den **Schwertfisch** in Würfel schneiden, die **Limetten** auspressen und den Saft auffangen. Das **Koriandergrün** mit einem Teil der Stiele hacken, die **Möhre** mit einer Küchenreibe raspeln.

• Alle Zutaten in einer Schüssel mischen, salzen und pfeffern. Vor dem Servieren 5 Minuten im Kühlschrank durchziehen lassen.

AUBERGINENROULADEN

129 kcal/Pers.

—

glutenfrei

—

dampfgegart

Aubergine
x 1 große (oder 2 kleine)

Ziegenfrischkäse
120 g

gekochter Schinken
4 Scheiben (ohne Fettrand)

getrockneter Tymian
3 TL

Salz, Pfeffer

Olivenöl

Zubereitung: 25 Min.
Garzeit: 20 Min.

- Die **Aubergine** in 12 Scheiben schneiden und 20 Minuten dampfgaren.
- **Ziegenfrischkäse** und **Thymian** mischen. **Schinkenscheiben** dritteln.
- Je eine **Auberginen-** und **Schinkenscheibe** aufeinanderlegen, mit dem Käse bestreichen, salzen, pfeffern und aufrollen.
- Mit etwas Olivenöl beträufeln und servieren.

VENUSMUSCHELN MIT AVOCADO

187 kcal/Pers.

—

glutenfrei

—

laktosefrei

Venusmuscheln
x 30

Avocado
x 1

Limetten
x 3

Dill
1 Bund

Olivenöl
1 EL

Zubereitung: 20 Min.
Garzeit: 10 Min.

• **Venusmuscheln** in 200 ml sprudelnd kochendes Wasser geben und warten, bis sie sich öffnen. Abgießen und das Kochwasser auffangen.

• Den Saft der **Limetten** mit den gewürfelten **Avocados**, **Olivenöl**, gehacktem Dill und 150 ml Muschel-Kochwasser mischen.

• Die **Avocadomischung** über die **Venusmuscheln** geben. Lauwarm oder kalt servieren.

SCHWEINEFLEISCH-GARNELEN-HÄPPCHEN

128 kcal/Pers.

—

dampfgegart

—

glutenfrei

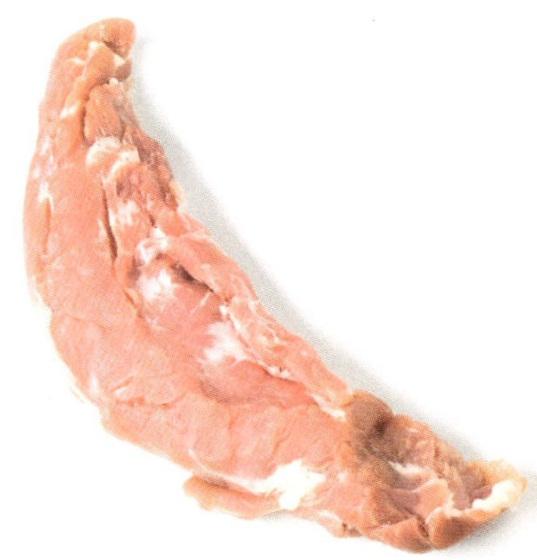

Schweinefilet
300 g

rohe Garnelen
x 16 (ausgelöst)

Ei
x 1

Sesamsamen
1 EL

Salz, Pfeffer

Sesamöl

Zubereitung: 20 Min.
Garzeit: 10 Min.

- Die Garnelen entdarmen. Das **Schweinefilet**, 8 **Garnelen** und das **Ei** im Mixer pürieren.
- Die restlichen **Garnelen** in Stücke schneiden, zu der Mischung geben, salzen und pfeffern. Die Farce in kleinen Häufchen auf Backpapier setzen.
- Die Häppchen 10 Minuten dampfgaren. Mit **Sesamsamen** bestreuen, mit etwas Sesamöl beträufeln und lauwarm oder kalt servieren.

SEEBARSCH MIT GRAPEFRUIT-MARINADE

194 kcal/Pers.

—

glutenfrei

—

laktosefrei

Seebarschfilet
500 g (ohne Haut & Gräten)

rosa Grapefruit
x 1

Koriandergrün
½ Bund

Olivenöl
3 EL

Salz, Pfeffer

Zubereitung: 15 Min.

- Die **Grapefruit** auspressen, den Saft absieben und mit dem **Olivenöl** mischen.
- Den **Seebarsch** in dünne Scheiben schneiden. Das **Koriandergrün** waschen und hacken.
- Die **Seebarschscheiben** portionsweise auf Tellern anrichten. Den **Grapefruitsaft** und das **Koriandergrün** darübergeben. Salzen, pfeffern und servieren.

GEFLÜGELTERRINE MIT ZITRONEN

262 kcal/Pers.

—

glutenfrei

Hähnchenbrustfilets
x 2

junger Blattspinat
150 g

eingelegte Zitronen
x 2

Eier
x 2

Frischkäse 20 %
120 g

Salz, Pfeffer

Olivenöl für die Form

Zubereitung: 25 Min.
Garzeit: 40 Min.

- Den Ofen auf 180 °C vorheizen. **Hähnchen** mit **Eiern**, **Frischkäse**, Salz und Pfeffer im Mixer pürieren. Die gewürfelten **Zitronen** und den gewaschenen, abgetropften **Spinat** untermischen.
- Die Farce in eine leicht geölte, beschichtete Form geben und im Ofen 40 Minuten backen.
- Die Terrine noch warm aus der Form stürzen. Kalt servieren, dazu einen Salat reichen.

SPARGEL MIT SAUCE MOUSSELINE

91 kcal/Pers.

—

Veggie

—

glutenfrei

Grüner Spargel
2 Bund

Ei
x 1

Senf
1 TL

Schnittlauch
1 Bund

Frischkäse 20 %
120 g

Salz, Pfeffer

Zubereitung: 15 Min.
Garzeit: 5 Min.

- Das **Ei** trennen. **Eigelb** mit dem **Frischkäse**, dem **Senf** und dem gehackten **Schnittlauch** mischen, salzen und pfeffern.
- Das **Eiweiß** steif schlagen und vorsichtig unter die **Frischkäsemischung** heben. Den **Spargel** nicht schälen, aber von den holzigen Enden befreien und 5 Minuten dampfgaren. Lauwarm mit der kalten Sauce servieren.

WARME LEBERPASTETE MIT WALDPILZEN

216 kcal/Pers.

—

glutenfrei

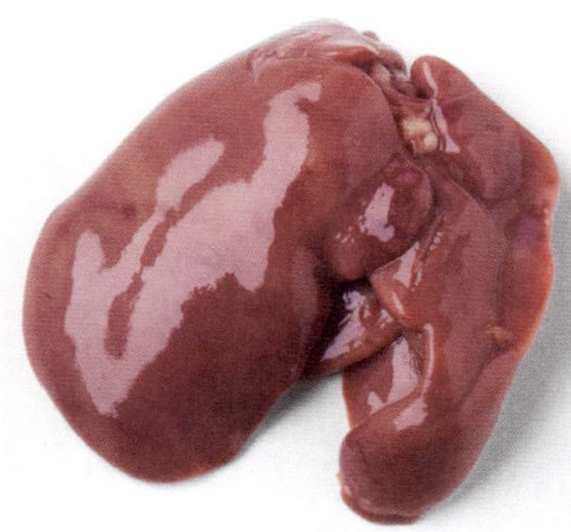

Geflügelleber
250 g

Trompetenpfifferlinge
250 g

Eier
x 3

Frischkäse 20 %
120 g

Thymian
4 Zweige

Salz, Pfeffer

Zubereitung: 20 Min.
Garzeit: 25 Min.

- Den Ofen auf 180 °C vorheizen. Die **Pilze** säubern und in Stücke schneiden.
- Die **Geflügelleber** mit **Eiern, Frischkäse**, Salz und Pfeffer im Mixer pürieren. **Pilze** untermischen und die Farce auf 4 Pastetenförmchen verteilen. Mit je 1 **Thymianzweig** garnieren und im Ofen in einem Wasserbad 25 Minuten garen. Lauwarm servieren.

LAUWARME MÖHREN MIT SAFRANSAUCE

191 kcal/Pers.

—

Veggie

—

dampfgegart

junge Möhren
x 16 (mittelgroß)

Eier
x 2

Frischkäse 20 %
120 g

Safran
10 Fäden

Salz, Pfeffer

Zubereitung: 15 Min.
Garzeit: 30 Min.

- **Möhren** schälen und 30 Minuten dampfgaren.
- Die **Eier** trennen. Die **Eigelbe** mit dem **Frischkäse** und den zerriebenen **Safranfäden** mischen. Salzen und pfeffern.
- Vor dem Servieren die **Eiweiße** steif schlagen und unter die Safransauce ziehen. Die **Möhren** lauwarm mit der kalten Sauce servieren.

EIER MIT MAYONNAISE

212 kcal/Pers.

—

glutenfrei

—

Veggie

Eier
x 6 (4 ganze + 2 Eigelbe)

scharfer Senf
2 EL

Frischkäse 20 %
240 g

Kopfsalat
x 1 (klein)

Salz, Pfeffer

Zubereitung: 5 Min.
Garzeit: 10 Min.

- Die 4 **Eier** 10 Minuten kochen, etwas abkühlen lassen und schälen.
- Die 2 rohen **Eigelbe,** den **Senf** und den **Frischkäse** mit einem Schneebesen verrühren. Salzen, pfeffern und die «Mayonnaise» zusammen mit den lauwarmen **Eiern** und dem **Salat** servieren.

GEBACKENE FEIGEN MIT BÜNDNERFLEISCH

191 kcal/Pers.

—

glutenfrei

—

laktosefrei

Feigen
x 8

Bündnerfleisch
8 Scheiben

Rosmarin
4 kleine Zweige

Olivenöl

Zubereitung: 5 Min.
Garzeit: 10 Min.

- Den Ofen auf 180 °C vorheizen. Die **Bündnerfleischscheiben** in der Mitte einschneiden und über die **Feigen** legen. Mit je 1 **Rosmarinzweig** befestigen.
- Die **Feigen** im Ofen 10 Minuten backen. Dann mit etwas Olivenöl beträufeln und warm servieren, dazu einen Rucolasalat reichen.

TOMATEN-TÜRMCHEN

108 kcal/Pers.

—

dampfgegart

—

Veggie

Tomaten
x 4 (mittelgroß)

Zucchini
x 1

Ziegenweichkäse
x 2 (z. B. Crottin de Chavignol)

Oregano
2 TL

Salz, Pfeffer

Olivenöl

Zubereitung: 20 Min.
Garzeit: 8 Min.

- **Tomaten**, **Ziegenkäse** und **Zucchini** in Scheiben schneiden, mit **Oregano**, Salz und Pfeffer würzen.
- Die Zutaten abwechselnd zu 4 Türmchen schichten, mit einem Holzspieß befestigen und 8 Minuten dampfgaren.
- Auf Tellern anrichten, die Spieße entfernen. Mit Olivenöl beträufeln und lauwarm servieren.

BLUMENKOHL-KOKOS-CREME MIT LACHS

280 kcal/Pers.

—

glutenfrei

—

laktosefrei

Blumenkohl
x ½

Kokosmilch
400 ml

Räucherlachs
2 Scheiben

Kokosraspeln
1 EL

Salz, Pfeffer

Zubereitung: 15 Min.
Garzeit: 35 Min.

- Den **Blumenkohl** in kleine Stücke schneiden und zusammen mit der **Kokosmilch** in einen Topf geben. Bei schwacher Hitze 35 Minuten köcheln lassen, dann mit einem Stabmixer pürieren, salzen und pfeffern.
- Die Creme auf Teller verteilen, den in Stücke geschnittenen **Lachs** und die **Kokosraspel** darübergeben und servieren.

GÄNSELEBERTERRINE LIGHT

339 kcal/Pers.

—

glutenfrei

—

laktosefrei

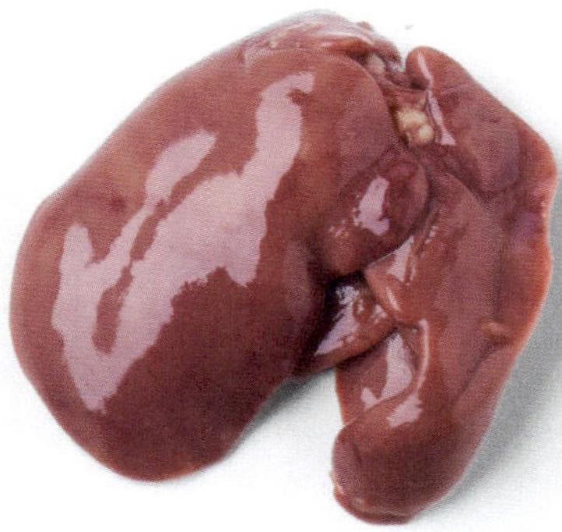

Geflügelleber
300 g

frische Gänsestopfleber
150 g

Ei
x 1

Portwein
4 EL

Salz, Pfeffer

Zubereitung: 20 Min.
Garzeit: 30 Min.
Kühlzeit: 12 h

- Den Ofen auf 180 °C vorheizen. Die **Geflügelleber** mit **Ei**, **Portwein**, Salz und Pfeffer in der Küchenmaschine pürieren.
- Die **Gänsestopfleber** in eine Auflaufform legen. Die Farce dazugeben, etwas andrücken und im Ofen im Wasserbad 30 Minuten garen.
- Abkühlen lassen und über Nacht in den Kühlschrank stellen. Auf Vollkorntoast servieren.

BLUMENKOHLCREME MIT GARNELEN

114 kcal/Pers.

—

glutenfrei

Blumenkohl
x ½

rohe Garnelen
x 20 (ausgelöst, entdarmt)

Paprikapulver
1 EL

Kochsahne
400 ml

Minze
1 Bund

Salz, Pfeffer

Olivenöl

Zubereitung: 20 Min.
Garzeit: 25 Min.

- Den **Blumenkohl** in kleine Stücke schneiden und mit der **Kochsahne** in einen Topf geben. Bei schwacher Hitze 40 Minuten köcheln lassen, mit dem Stabmixer pürieren, salzen und pfeffern.
- **Garnelen** mit **Paprika** würzen und in einer Pfanne in heißem Olivenöl 2 Minuten braten.
- Die Creme auf Tellern anrichten, **Garnelen** darauf verteilen und mit frischer **Minze** garnieren.

GEFLÜGELTERRINE MIT GARNELEN

244 kcal/Pers.

—

glutenfrei

Hähnchenbrustfilets
x 2

rohe Garnelen
x 16 (ausgelöst, entdarmt)

Paprikapulver
2 EL

Eier
x 2

Frischkäse 20 %
120 g

Salz, Pfeffer

Olivenöl

Zubereitung: 25 Min.
Garzeit: 40 Min.

- Den Ofen auf 180 °C vorheizen. Die **Hähnchenfilets** zusammen mit **Eiern**, **Paprika**, **Frischkäse**, Salz und Pfeffer im Mixer pürieren.
- Die **Garnelen** grob zerkleinern und unter die Farce mischen. Alles in eine leicht geölte beschichtete Form geben und im Ofen 40 Minuten garen. Die Terrine noch warm aus der Form stürzen. Kalt servieren, dazu einen Salat reichen.

HERZMUSCHELN IN PERGAMENT

50 kcal/Pers.

—

glutenfrei

—

laktosefrei

Herzmuscheln
x 60

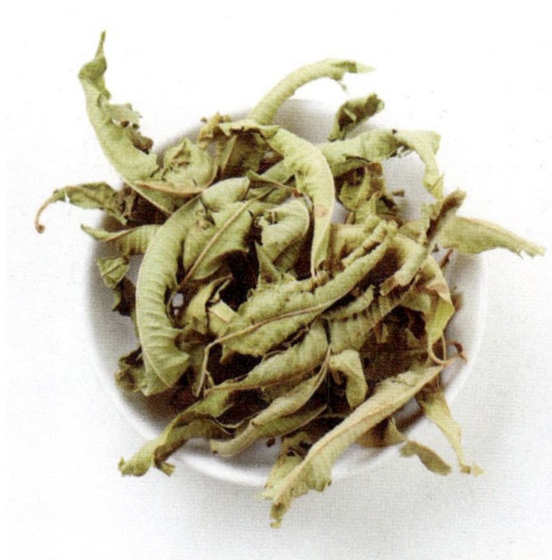

Zitronenverbene
ca. 12 Blätter

Limetten
x 2

Salz, Pfeffer

Olivenöl

Zubereitung: 10 Min.
Garzeit: 10 Min.

- Den Ofen auf 180 °C vorheizen. **Herzmuscheln** und **Zitronenverbene** auf 4 Blätter Backpapier verteilen, salzen und pfeffern. Jedes Blatt zu einem luftdichten Päckchen verschließen.
- Die Päckchen auf ein Backblech legen und im Ofen 10 Minuten garen. Auf Tellern anrichten, öffnen und zum Servieren mit **Limettensaft** und etwas Olivenöl beträufeln.

LACHSTATAR MIT AVOCADO & MINZE

320 kcal/Pers.

—

glutenfrei

—

laktosefrei

Lachsfilet
400 g (ohne Haut & Gräten)

Avocado
x 1

Minze
20 Blätter

Zitronen
x 2

Olivenöl
1 EL

Salz, Pfeffer

Zubereitung: 20 Min.

- Die **Minze** waschen und grob hacken.
- Den **Lachs** und die **Avocado** in kleine Würfel schneiden. **Zitronensaft**, **Olivenöl** und **Minze** hinzufügen. Vermengen, salzen, pfeffern und gut gekühlt servieren.

GEFÜLLTE CHAMPIGNONS

—

165 kcal/Pers.

—

Champignons
x 8 (groß)

geräucherte Entenbrust
8 Scheiben

Frischkäse
5 Portionen (à 35 g)

Sojasauce
2 EL

getrockneter Thymian
1 TL

Salz, Pfeffer

Zubereitung: 20 Min.
Garzeit: 25 Min.

- Den Ofen auf 180 °C vorheizen. Die **Champignons** aushöhlen. Die **Entenbrust** vom Fett befreien und in kleine Stücke schneiden.
- **Entenbrust** mit **Frischkäse**, **Thymian** und dem Inneren der **Champignons** mischen. Salzen, pfeffern und die **Champignons** damit füllen.
- Mit **Sojasauce** beträufeln und im Ofen 25 Minuten backen.

FORELLENTATAR

197 kcal/Pers.

—

glutenfrei

geräucherte Forelle
4 Scheiben

Forellenkaviar
1 Glas (100 g)

Limette
x 1

Lachsforellenfilet
400 g (ohne Haut)

Magerquark
1 EL

Salz, Pfeffer

Zubereitung: 10 Min.

- Die **geräucherte Forelle** und die **Lachsforelle** in kleine Stücke schneiden.
- **Forellenstückchen** mit dem **Forellenkaviar**, dem **Magerquark** und dem **Limettensaft** mischen, salzen und pfeffern.
- Gut gekühlt auf Knäckebrot servieren.

GARNELEN MIT PASSIONSFRUCHT

30 kcal/Pers.

—

laktosefrei

Passionsfrüchte
x 4 (groß)

gekochte Garnelen
x 8 (ausgelöst)

Koriandergrün
½ Bund

Sojasauce
4 EL

Olivenöl
1 EL

Salz, Pfeffer

Zubereitung: 15 Min.

- Die **Garnelen** in kleine Stücke schneiden. Das **Koriandergrün** waschen, trocknen und hacken.
- Die **Passionsfrüchte** halbieren, das Fruchtfleisch herausschaben und mit den restlichen Zutaten mischen, salzen und pfeffern. In den Passionsfruchtschalen oder in Schälchen anrichten und servieren.

LAUCH MIT VINAIGRETTE

78 kcal/Pers.

—

Veggie

—

glutenfrei

Lauchstangen
x 2

körniger Senf
2 EL

Balsamicoessig
2 EL

Griechischer Joghurt
x 2

Schnittlauch
1 Bund

Salz, Pfeffer

Zubereitung: 15 Min.
Garzeit: 40 Min.

- Die **Lauchstangen** in drei gleich lange Stücke schneiden und die Abschnitte längs halbieren. Unter fließendem Wasser gründlich waschen, dann 40 Minuten dampfgaren.
- Den **Joghurt** mit dem **Senf,** dem gehackten **Schnittlauch** und dem **Essig** mischen, salzen und pfeffern. Den **Lauch** lauwarm servieren und die Vinaigrette dazu reichen.

MARINIERTER LACHS MIT MINZE

223 kcal/Pers.

—

laktosefrei

—

glutenfrei

Lachsfilets
400 g (ohne Haut)

Zitronen
x 2

Minze
10 Blätter

Olivenöl
2 EL

Salz, Pfeffer

Zubereitung: 10 Min.
Garzeit: 5 Min.

- Den **Lachs** in sehr dünne Scheiben schneiden und portionsweise auf kleinen Tellern anrichten.
- Mit **Zitronensaft** und **Olivenöl** beträufeln und mit **Minze** garnieren. Salzen, pfeffern.
- 5 Minuten marinieren lassen, dann servieren.

GRÜNER SPARGEL MIT EIERSAUCE

272 kcal/Pers.

—

Veggie

—

glutenfrei

Grüner Spargel
20 Stangen

Eier
x 2

Cornichons
x 16

Kerbel
1 Bund

Kapern
80 g

Salz, Pfeffer

Zubereitung: 10 Min.
Garzeit: 20 Min.

- Den **Kerbel** mit der Küchenschere zerkleinern, die **Cornichons** fein würfeln. Die **Eier** in 10 Minuten hart kochen, dann schälen.
- Den **Spargel** von den holzigen Enden befreien und 10 Minuten dampfgaren. Auf einer Platte anrichten, **Kapern**, **Kerbel** und **Cornichons** hinzufügen. Die hartgekochten **Eier** darüberreiben. Salzen, pfeffern und lauwarm servieren.

GEFÜLLTE TOMATEN MIT THUNFISCH

73 kcal/Pers.

—

dampfgegart

—

glutenfrei

Tomaten
x 4

schwarze Oliven
x 16 (entsteint)

getrockneter Thymian
2 TL

Frischkäse
150 g

Thunfisch ohne Öl
1 Dose

Salz, Pfeffer

Olivenöl

Zubereitung: 20 Min.
Garzeit: 5 Min.

- Die **Tomaten** halbieren und aushöhlen. Den **Frischkäse** mit dem **Thunfisch**, den gehackten **Oliven** und dem **Thymian** mischen. Salzen, pfeffern.
- Die **Tomaten** mit der Mischung füllen und 5 Minuten dampfgaren. Heiß oder kalt mit etwas Olivenöl beträufelt servieren.

MAKRELEN IN WEISSWEIN

90 kcal/Pers.

—

glutenfrei

—

laktosefrei

Makrelenfilets
x 4

Weißwein
400 ml

Kirschtomaten
200 g

Bouquet garni
x 1

Sternanis
x 3

Zubereitung: 10 Min.
Garzeit: 25 Min.
Kühlzeit: 1 Nacht

- Den Ofen auf 180 °C vorheizen. Die **Makrelen** in eine große Auflaufform legen und die halbierten **Tomaten** hinzufügen.
- **Wein**, **Anis**, **Bouquet garni** und 100 ml Wasser in einen Topf geben. 10 Minuten bei mittlerer Hitze köcheln lassen. Die **Makrelen** mit dem heißen Sud begießen und im Ofen 15 Minuten garen. Über Nacht abkühlen lassen und kalt servieren.

DORADEN-CEVICHE MIT ANANAS

252 kcal/Pers.

—

glutenfrei

—

laktosefrei

Baby-Ananas
x 2 (klein)

Doradenfilets
x 4 (ohne Haut)

Limetten
x 2

Koriandergrün
1 Bund

Olivenöl
2 EL

Salz, Pfeffer

Zubereitung: 20 Min.

• Die **Ananas** halbieren und aushöhlen, das Fruchtfleisch fein würfeln. Die **Dorade** in Würfel schneiden. Die **Limetten** auspressen, den Saft auffangen. Das **Koriandergrün** waschen, trocken tupfen und hacken.

• Alle Zutaten mischen, salzen, pfeffern, in den **Ananashälften** anrichten und servieren.

HONIGMELONEN-LACHS-SASHIMI

330 kcal/Pers.

—

laktosefrei

Honigmelone
x 1 (klein)

Lachsfilets
x3 (ohne Haut, ca. 450 g)

Sojasauce
4 EL

Wasabi
1 TL

Graues Meersalz

Zubereitung: 10 Min.
Kühlzeit: 20 Min.

- Den **Lachs** mit grauem **Meersalz** bedecken und 20 Minuten kühl stellen, dann unter fließendem Wasser waschen und in Stücke schneiden.
- Die **Honigmelone** schälen und in gleich große Stücke schneiden wie den Lachs. Beides auf einem Teller anrichten.
- **Wasabi** und **Sojasauce** mischen, über das Sashimi träufeln und servieren.

JAKOBSMUSCHEL-CARPACCIO

158 kcal/Pers.

—

glutenfrei

—

laktosefrei

Jakobsmuscheln
x 12 (ohne Rogen)

Gurke
(200 g)

Himbeeren
x 16

unbehandelte Limetten
x 2

Olivenöl
2 EL

Salz, Pfeffer

Zubereitung: 15 Min.
Marinierzeit: 5 Min.

- Die **Gurke** waschen und in Scheiben schneiden.
- Die **Jakobsmuscheln** in Scheiben schneiden. Zesten und Saft der **Limetten**, **Olivenöl** und leicht zerdrückte **Himbeeren** mischen und über die **Muscheln** geben. Salzen, pfeffern und 5 Minuten marinieren.
- Die **Jakobsmuschel-** und **Gurkenscheiben** als Rosette anrichten und servieren.

AUSTERN, MANDARINEN & BASILIKUM

137 kcal/Pers.

—

laktosefrei

Austern
x 24 (klein)

Mandarinen
x 6

Basilikum
24 Blätter

Sojasauce
24 Tropfen

Olivenöl
24 Tropfen

24 Prisen Pfeffer

Graues Meersalz

Zubereitung: 10 Min.
Garzeit: 5 Min.

- Den Ofen auf 180 °C vorheizen.
- Die **Austern** im Ofen 5 Minuten garen. Etwas abkühlen lassen, dann öffnen. Austernwasser abgießen, **Austern** auf einem Salzbett anrichten und kühl stellen. **Mandarinen** auspressen.
- Kurz vor dem Servieren auf jede **Auster** ein Blatt **Basilikum** legen. **Mandarinensaft, Olivenöl**, **Sojasauce** und Pfeffer darübergeben.

AUSTERN MIT MANGO & KORIANDER

108 kcal/Pers.

—

laktosefrei

Austern
x 24 (klein)

Mango
x ½ (nicht zu reif)

Schalotte
x 1 (oder 2 kleine)

Koriandergrün
6 Zweige

Essig
24 Tropfen

Graues Meersalz

24 Tropfen Olivenöl

Zubereitung: 10 Min.
Garzeit: 5 Min.

- Den Ofen auf 180 °C vorheizen. **Schalotte** und **Mango** fein würfeln, **Koriandergrün** hacken.
- Die **Austern** 5 Minuten im Ofen garen. Vor dem Öffnen etwas abkühlen lassen. Das Austernwasser abgießen und die **Austern** auf einem Salzbett anrichten. Kühl stellen.
- **Mango, Schalotte, Olivenöl**, **Essig** und **Koriander** mischen und über die **Austern** geben.

CAESAR SALAD

351 kcal/Pers.

—

dampfgegart

Romana-Salatherzen
x 4

Hähnchenbrustfilets
600 g

geriebener Parmesan
4 EL

Magerquark
4 EL

Knäckebrot
2 Scheiben

Salz, Pfeffer

Zubereitung: 10 Min.
Garzeit: 20 Min.

- Die **Hähnchenbrust** 20 Minuten im Dampfgarer oder in kochendem Wasser garen, dann in Streifen schneiden. Den **Salat** waschen und trocken schleudern.
- Das **Knäckebrot** in Stücke brechen.
- Alle Zutaten in einer Schüssel mischen. Salzen, pfeffern und servieren.

AUBERGINENSALAT

79 kcal/Pers.

—

vegan

—

glutenfrei

Auberginen
x 2 (mittelgroß)

Tomaten
x 3

schwarze Oliven
x 20 (entsteint)

Basilikum
1 Bund (50 g)

Olivenöl
2 EL

Salz, Pfeffer

Zubereitung: 10 Min.
Garzeit: 40 Min.

- Die ganzen **Auberginen** 40 Minuten dampfgaren und abkühlen lassen.
- **Tomaten** und **Oliven** würfeln, **Basilikum** grob hacken. Die **Auberginen** längs aufschneiden, das Fruchtfleisch mit einem Löffel auslösen und mit den restlichen Zutaten mischen. Salzen, pfeffern und servieren.

FELDSALAT MIT RINDERFILET & KURKUMA

192 kcal/Pers.

—

dampfgegart

Rinderfilet
400 g

Feldsalat
150 g

Kurkuma
1 EL

Griechischer Joghurt
x 1

Salz, Pfeffer

Zubereitung: 15 Min.
Garzeit: 8 Min.

- Den **Feldsalat** sehr gründlich waschen und trocken schleudern.
- Das **Rinderfilet** 8 Minuten dampfgaren. Etwas abkühlen lassen, dann in feine Streifen schneiden und noch lauwarm mit dem **Feldsalat**, dem **Joghurt** und dem **Kurkuma** mischen. Salzen, pfeffern und servieren.

BROKKOLISALAT MIT TROCKENOBST

60 kcal/Pers.

—

dampfgegart

—

vegan

Brokkoli
500 g

getrocknete Aprikosen
x 8

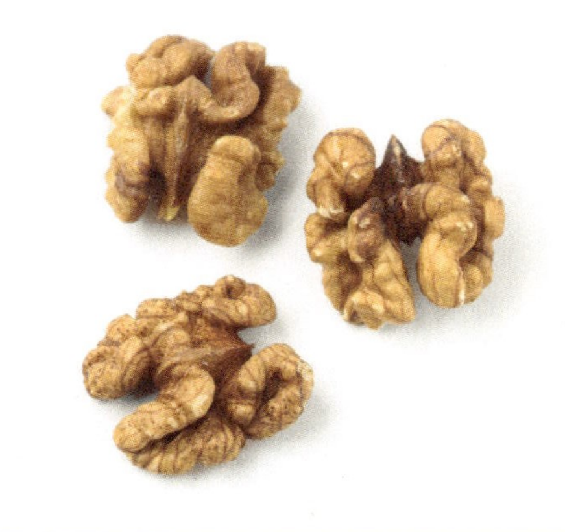

Walnusskerne
x 8

Mandelblättchen
2 EL

Haselnüsse
x 16

Salz, Pfeffer

Haselnussöl

Zubereitung: 15 Min.
Garzeit: 10 Min.

- Den **Brokkoli** in Stücke schneiden und 10 Minuten dampfgaren.
- **Walnüsse** und **Haselnüsse** grob hacken, **Aprikosen** in Stücke schneiden.
- Brokkoli mit den anderen Zutaten in einer Schüssel mischen. Salzen, pfeffern, mit **Haselnussöl** beträufeln und servieren.

LINSENSALAT MIT GARNELEN

230 kcal/Pers.

—

laktosefrei

—

glutenfrei

grüne Linsen
250 g

gekochte Garnelen
x 16 (ausgelöst)

Estragon
1 Bund

Clementinen
x 4

Olivenöl
2 EL

Salz, Pfeffer

Zubereitung: 15 Min.
Garzeit: 25 Min.

- Die **Linsen** in reichlich Wasser 25 Minuten garen. Abgießen, in eine Schüssel geben und abkühlen lassen.
- Die in Stücke geschnittenen **Garnelen**, den ausgepressten Saft der **Clementinen**, den gehackten **Estragon** und das **Olivenöl** hinzufügen. Salzen, pfeffern, alles gut mischen und anschließend servieren.

ANANASSALAT MIT HÄHNCHEN

334 kcal/Pers.

—

glutenfrei

—

dampfgegart

Hähnchenbrustfilets
x 3

Baby-Ananas
x 1

Rucola
150 g

Griechischer Joghurt
x 1

Cidre-Essig
1 EL

Salz, Pfeffer

Zubereitung: 15 Min.
Garzeit: 20 Min.

- Den **Rucola** waschen und abtropfen lassen. Die **Hähnchenbrustfilets** 20 Minuten dampfgaren oder in Wasser kochen. Abkühlen lassen und in Stücke schneiden.
- Die **Ananas** schälen und in Würfel schneiden.
- Alle Zutaten in einer Schüssel mischen. Salzen, pfeffern und sofort servieren.

RINDFLEISCHSALAT MIT HIMBEEREN

191 kcal/Pers.

—

glutenfrei

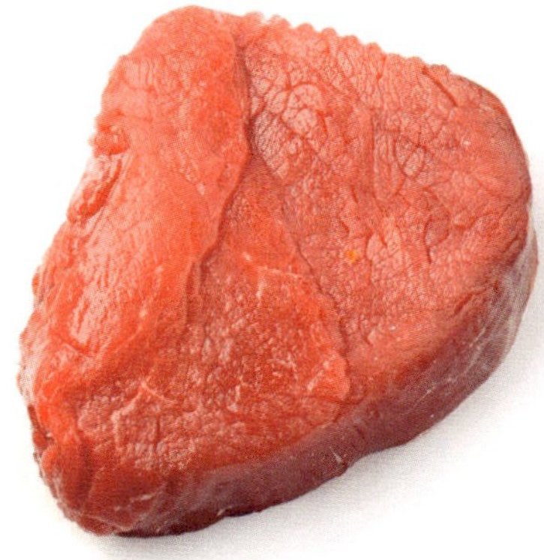

Rinderfilet oder -nuss
400 g

Rucola
120 g

Himbeeren
125 g

Balsamicoessig
2 EL

griechischer Joghurt
x 1

Salz, Pfeffer

Zubereitung: 20 Min.
Garzeit: 30 sec

- Den **Rucola** waschen und abtropfen lassen. Die **Himbeeren** halbieren.
- Das **Rindfleisch** in Würfel schneiden und 30 Sekunden in einer sehr heißen Pfanne ohne Fett unter ständigem Rühren anbraten.
- Das **Fleisch** mit den restlichen Zutaten in eine Schüssel geben. Salzen, pfeffern, alles gut vermischen und sofort servieren.

KALBFLEISCHSALAT MIT HEIDELBEEREN

160 kcal/Pers.

—

glutenfrei

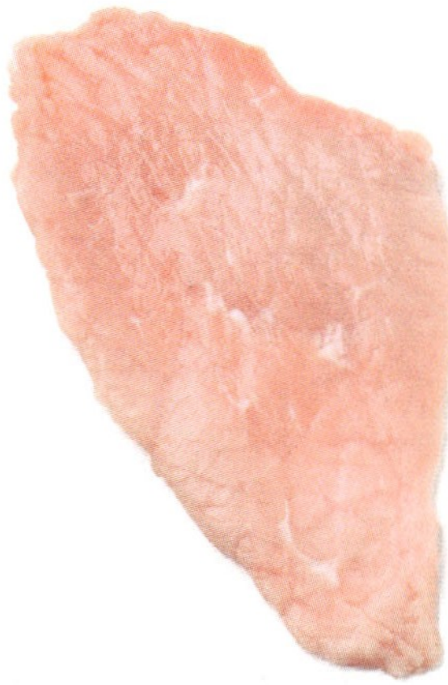

Kalbsschnitzel
x 2

Heidelbeeren
125 g

griechischer Joghurt
x 1

Rucola
120 g

Senf
1 EL

Salz, Pfeffer

Zubereitung: 15 Min.
Garzeit: 5 Min.

- Den **Rucola** waschen und abtropfen lassen.
- Die **Kalbsschnitzel** in kleine Stücke schneiden und 1 Minute in einer sehr heißen Pfanne ohne Fett unter ständigem Rühren anbraten.
- Alle Zutaten in eine Schüssel geben, salzen, pfeffern, gut vermischen und sofort servieren.

ÄPFEL MIT WARMEM ZIEGENKÄSE

325 kcal/Pers.

—

Veggie

—

glutenfrei

Ziegenweichkäse
x 2 (z. B. Crottin de Chavignol)

Äpfel
x 2

Walnüsse
x 12 Hälften (grob gehackt)

Rucola
100 g

flüssiger Honig
2 EL

Salz, Pfeffer

Walnussöl

Zubereitung: 10 Min.
Garzeit: 15 Min.

• Den Ofen auf 180 °C vorheizen. **Äpfel** schälen, halbieren und vom Kerngehäuse befreien. Auf jede **Apfelhälfte** ½ **Ziegenkäse** setzen, mit **Honig** beträufeln und im Ofen 15 Minuten überbacken.

• **Rucola** waschen und abtropfen lassen. Die überbackenen **Äpfel** noch heiß auf dem **Rucola** anrichten, salzen, pfeffern, mit **Walnüssen** bestreuen und mit **Walnussöl** beträufelt servieren.

TINTENFISCHSALAT

213 kcal/Pers.

—

glutenfrei

—

laktosefrei

Tintenfisch
x 1 (ca. 1 kg)

Koriandergrün
2 Bund

Limetten
x 2

Paprikapulver
1 EL

Olivenöl
2 EL

Salz, Pfeffer

Zubereitung: 15 Min.
Garzeit: 20 Min.

- Die **Limetten** auspressen, das **Koriandergrün** waschen, trocken tupfen und hacken.
- Den **Tintenfisch** in einem Topf mit Wasser bedecken und zum Kochen bringen. Nach 20 Minuten den Herd ausschalten, den **Tintenfisch** im Wasser abkühlen lassen.
- **Tintenfisch** in Stücke schneiden und mit den restlichen Zutaten mischen. Sofort servieren.

CAPRESE EINMAL ANDERS

175 kcal/Pers.

—

Veggie

—

glutenfrei

grüne Tomaten
x 4

Mozzarella
150 g

Pinienkerne
2 EL

Basilikum
2 Bund

Salz, Pfeffer

Olivenöl

Zubereitung: 10 Min.
Garzeit: 10 Min.

- Den Ofen auf 180 °C vorheizen. Das **Basilikum** waschen und in Streifen schneiden.
- Die **Tomaten** halbieren und auf jede Hälfte 1 Scheibe **Mozzarella** legen. Im Ofen 10 Minuten überbacken, dann etwas abkühlen lassen.
- Die Tomaten auf einem Teller anrichten. **Basilikum** und **Pinienkerne** hinzugeben, salzen, pfeffern und mit etwas **Olivenöl** beträufeln.

MÖHRENSALAT MIT KORIANDER

47 kcal/Pers.

—

vegan

—

laktosefrei

Möhren
3 (groß, ca. 450 g)

Clementinen
x 2

Sojasauce
3 EL

Koriandergrün
1 Bund

Salz, Pfeffer

Zubereitung: 15 Min.

- Das **Koriandergrün** waschen, trocken tupfen und mit der Küchenschere zerkleinern.
- Die **Clementinen** auspressen und den Saft auffangen.
- Die **Möhren** raspeln und mit den restlichen Zutaten mischen. Salzen, pfeffern und servieren.

TOMATENSALAT MIT FRISCHEN KRÄUTERN

94 kcal/Pers.

—

Veggie

—

glutenfrei

Tomaten
x 9 (mittelgroß)

Basilikum
1 Bund

Estragon
1 Bund

Frischkäse 20 %
120 g

Salz, Pfeffer

Zubereitung: 15 Min.

- Die **Kräuter** waschen, trocken tupfen und die Blätter von den Stielen zupfen. **Frischkäse**, ¾ der **Kräuter** und 20 ml Wasser im Mixer gründlich pürieren.
- Die **Tomaten** in Stücke schneiden und mit der Kräutersauce mischen.
- Mit den restlichen **Kräutern** garnieren, salzen, pfeffern und servieren.

ROSENKOHLSALAT

145 kcal/Pers.

—

dampfgegart

—

glutenfrei

Rosenkohl
x 24

Haselnussöl
1 EL

Haselnüsse
x 12

Bündnerfleisch
4 dünne Scheiben

Salz, Pfeffer

Zubereitung: 15 Min.
Garzeit: 10 Min.

• Das **Bündnerfleisch** in feine Streifen schneiden. Die **Haselnüsse** grob hacken.

• Die **Rosenkohlköpfchen** halbieren und 15 Minuten dampfgaren. Mit dem Bündnerfleisch und den **Haselnüssen** mischen und mit **Haselnussöl** beträufeln. Salzen, pfeffern und warm oder kalt servieren.

MIESMUSCHELSALAT

360 kcal/Pers.

—

laktosefrei

—

glutenfrei

Miesmuscheln
1,5 kg

Gurke
(250 g)

Erbsen
300 g (TK oder frisch)

Feldsalat
150 g

Salz, Pfeffer

Olivenöl

Zubereitung: 20 Min.
Garzeit: 15 Min.

- **Feldsalat** gründlich waschen. Die **Miesmuscheln** in einen sehr heißen Topf geben und rühren, bis sie sich geöffnet haben. Das Fleisch aus den Schalen lösen, den Muschelsud absieben.
- ¾ der **Erbsen**, einen Spritzer Öl und die Hälfte der **Gurke** mit dem Muschelsud im Mixer pürieren. Die restliche **Gurke** in Scheiben schneiden. Alle Zutaten vermischen, salzen und pfeffern.

BLUMENKOHL-TABOULÉ

43 kcal/Pers.

—

dampfgegart

—

vegan

Blumenkohl
x 1

Tomaten
x 2

Minze
1 Bund

Gurke
(250 g)

Salz, Pfeffer

Zubereitung: 15 Min.
Garzeit: 10 Min.

- **Minze** waschen, trocken tupfen und hacken.
- Den **Blumenkohl** vom harten Strunk befreien und grob raspeln. Die Raspel auf ein angefeuchtetes Stück Backpapier legen und 10 Minuten dampfgaren.
- **Gurke** und **Tomaten** fein würfeln und mit dem **Blumenkohl** und der **Minze** vermischen. Salzen, pfeffern und servieren.

ERBSEN-GAZPACHO

92 kcal/Pers.

—

vegan

—

glutenfrei

Erbsen
500 g (TK oder frisch)

Gurke
(400 g)

Minze
1 Bund

Olivenöl
12 Tropfen

Salz, Pfeffer

Zubereitung: 20 Min.
Garzeit: 5 Min.

• Die **Minze** waschen, trocken tupfen und grob hacken (einige ganze Blätter beiseitelegen).

• Die **Erbsen** 5 Minuten in einem Topf kochendem Wasser garen.

• **Erbsen** mit der in Stücke geschnittenen **Gurke**, 100 ml Wassser und **Olivenöl** im Mixer pürieren. Salzen, pfeffern und die **Minze** dazugeben. Eiskalt servieren.

ARTISCHOCKEN-GAZPACHO

130 kcal/Pers.

—

vegan

—

glutenfrei

Artischockenböden
x 8

Gurke
(400 g)

Olivenöl
2 EL

Salz, Pfeffer

Zubereitung: 15 Min.
Garzeit: 30 Min.

- Die **Gurke** sehr fein würfeln. Die **Artischockenböden** in Salzwasser 30 Minuten kochen, dann abgießen und abkühlen lassen.
- **Artischocken** mit der Hälfte der **Gurke,** 50 ml Wasser und **Olivenöl** im Mixer pürieren.
- Den Gazpacho salzen, pfeffern und auf Teller geben. Mit den restlichen **Gurkenwürfeln** garnieren und eiskalt servieren.

HONIGMELONEN-GAZPACHO MIT MINZE

110 kcal/Pers.

—

vegan

—

glutenfrei

Honigmelone
x 1

Tomaten
x 4 (mittelgroß)

Minze
1 Bund

Olivenöl
2 EL

Salz, Pfeffer

Zubereitung: 10 Min.

- Die **Minze** waschen und hacken (ein paar ganze Blätter beiseitelegen). **Tomaten** und **Honigmelone** entkernen, das Fruchtfleisch grob würfeln.
- **Melone, Tomaten, Minze,** 20 ml Wasser und **Olivenöl** im Mixer pürieren. Salzen, pfeffern und kalt stellen.
- Den Gazpacho auf Teller geben, mit **Minzeblättern** garnieren und servieren.

WASSERMELONEN-GAZPACHO

98 kcal/Pers.

—

vegan

—

glutenfrei

Wassermelone
850 g

Kirschtomaten
250 g

Minze
1 Bund

Salz, Pfeffer

Olivenöl

Zubereitung: 10 Min.

- Die **Minze** waschen und hacken (ein paar ganze Blätter beiseitelegen). Die **Tomaten** halbieren.
- Die **Wassermelone** entkernen und mit ¾ der **Tomaten,** 20 ml Wasser und der **Minze** im Mixer pürieren. Salzen, pfeffern und kalt stellen.
- Den Gazpacho in tiefen Tellern anrichten. Mit den restlichen **Tomaten** und den **Minzeblättern** garnieren und mit Olivenöl beträufeln.

HONIGMELONEN-GAZPACHO MIT FETA

175 kcal/Pers.

—

Veggie

—

glutenfrei

Honigmelone
x 2

getrockneter Oregano
4 TL

Feta
100 g

Salz, Pfeffer

Olivenöl

Zubereitung: 10 Min.

- Die **Honigmelonen** von Schale und Kernen befreien. 4 EL Fruchtfleisch sehr fein würfeln. Den **Feta** mit einer Gabel zerdrücken.
- Die restliche **Honigmelone** mit 50 ml Wasser und dem **Oregano** im Mixer pürieren. Salzen, pfeffern und kalt stellen.
- Den Gazpacho mit **Feta** und **Melonenwürfeln** bestreuen, mit Öl beträufeln und kalt servieren.

GEMÜSESUPPE MIT LACHS

167 kcal/Pers.

—

laktosefrei

—

glutenfrei

Lachsfilets
x 2 (ohne Haut)

Erbsen
150 g (TK oder frisch)

Knollensellerie
300 g

Möhren
300 g

Champignons
100 g

Salz, Pfeffer

Zubereitung: 15 Min.
Garzeit: 45 Min.

- **Möhren** und **Sellerie** schälen, in Würfel schneiden und in 1,5 l Wasser bei schwacher Hitze 45 Minuten köcheln lassen. Nach der Hälfte der Zeit die **Erbsen** hinzufügen, salzen und pfeffern.
- Die **Champignons** und den in kleine Stücke geschnittenen **Lachs** portionsweise auf Schälchen verteilen. Die kochend heiße Brühe darübergießen und 1 Minute ziehen lassen. Servieren.

LACHS MIT GRAPEFRUIT & GRÜNEM TEE

180 kcal/Pers.

—

laktosefrei

—

glutenfrei

Lachsfilet
250 g

rosa Grapefruits
x 2

Grüner Jasmintee
400 ml (kalt)

Kiwis
x 2 (geschält und gewürfelt)

Koriandergrün
12 Zweige (grob gehackt)

Graues Meersalz

Zubereitung: 20 Min.
Kühlzeit: 40 Min.

- Den **Lachs** mit dem Meersalz bedecken und 40 Minuten kalt stellen.
- Die **Grapefruits** auspressen und 200 ml Saft mit dem **Jasmintee** mischen.
- Den **Lachs** unter fließendem Wasser waschen, in Würfel schneiden und auf 4 Schälchen verteilen. **Kiwiwürfel** und **Koriandergrün** dazugeben. Mit der Teemischung übergießen und servieren.

RINDERBOUILLON MIT ZITRONENGRAS

185 kcal/Pers.

—

laktosefrei

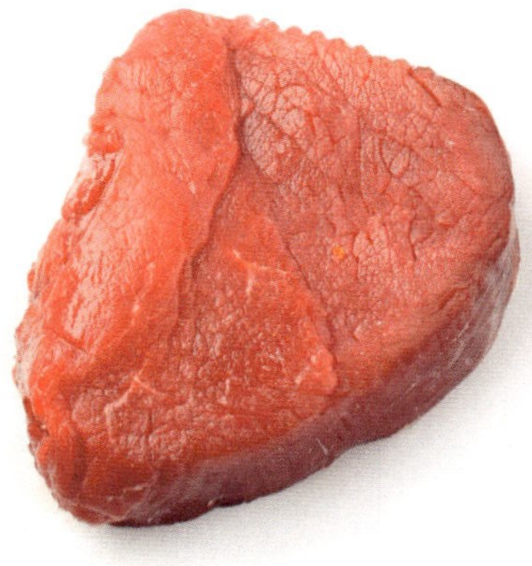

Rinderfilet
400 g

Zucchini
x 1

Brokkoli
100 g

Zitronengras
2 Stangen (fein gehackt)

Chinakohl
400 g

Sojasauce

Zubereitung: 15 Min.
Garzeit: 40 Min.

- **Chinakohl** in Streifen, **Brokkoli** und **Zucchini** in Stücke schneiden. Mit dem **Zitronengras** in 1,5 l Wasser geben und bei schwacher Hitze 40 Minuten köcheln lassen.
- Das **Rinderfilet** in kleine Würfel schneiden und portionsweise auf Schälchen verteilen. Die heiße Brühe darübergießen, mit **Sojasauce** würzen, 1 Minute ziehen lassen und servieren.

SUPPE VOM BUTTERNUSSKÜRBIS

80 kcal/Pers.

—

Veggie

—

laktosefrei

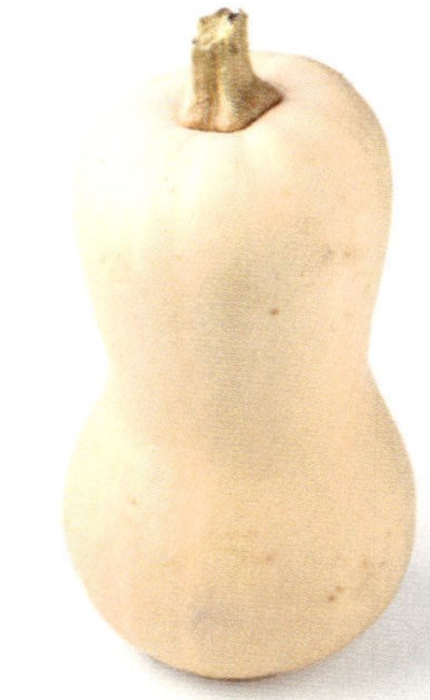

Butternusskürbis
x 1 (ca. 600 g)

Möhren
x 2

Walnusskerne
8 Hälften

Gemüsezwiebel
x 1

Walnussöl
1 EL

Salz, Pfeffer

Zubereitung: 20 Min.
Garzeit: 45 Min.

- Das **Gemüse** schälen und grob in Stücke schneiden. In einem Topf 1 cm hoch mit Wasser bedecken und bei schwacher Hitze 45 Minuten köcheln lassen. Mit dem Stabmixer pürieren.
- Die Suppe salzen, pfeffern und auf tiefe Teller verteilen. Mit gehackten **Walnüssen** bestreuen, mit ein paar Tropfen **Walnussöl** beträufeln und servieren.

EARL-GREY-BOUILLON MIT RIND

138 kcal/Pers.

—

laktosefrei

Rinderfilet
200 g

Basilikum
20 Blätter (gehackt)

Earl-Grey-Tee
400 ml (sehr heiß)

Gurke
(100 g)

Grüner Spargel
8 Stangen

Graues Meersalz

Zubereitung: 10 Min.
Garzeit: 1 Min.
Kühlzeit: 40 Min.

- Das **Rinderfilet** mit grobem **Meersalz** bedecken und 40 Minuten kühl stellen.
- **Spargel** von den holzigen Enden befreien und in kleine Stücke schneiden. **Gurke** fein würfeln.
- **Fleisch** unter fließendem Wasser waschen, in Würfel schneiden und mit **Spargel, Gurke** und **Basilikum** auf Schälchen verteilen. Mit dem **Tee** übergießen, 1 Minute ziehen lassen und servieren.

RINDERBOUILLON MIT MÖHREN

130 kcal/Pers.

—

glutenfrei

—

laktosefrei

Möhren
500 g

Rinderfilet
250 g

Estragon
1 Bund (gehackt)

Weiße Rüben
250 g

Salz, Pfeffer

Zubereitung: 10 Min.
Garzeit: 45 Min.

- **Möhren** und **Weiße Rüben** in gleichmäßig kleine Würfel schneiden. In 1 l Wasser bei schwacher Hitze 45 Minuten köcheln lassen, dann die Herdplatte ausschalten und das in kleine Stücke geschnittene **Rindfleisch** in den Topf geben.
- Die heiße Bouillon 5 Minuten ziehen lassen. Salzen und pfeffern, den **Estragon** darübergeben und servieren.

MEDITERRANE BRÜHE MIT CHORIZO

53 kcal/Pers.

—

laktosefrei

—

glutenfrei

Paprikaschote
x 1

Zucchini
x 2

Chorizo
4 dünne Scheiben

Tomaten
x 2

Basilikum
1 Bund

Salz, Pfeffer

Zubereitung: 25 Min.
Garzeit: 45 Min.

• Die **Paprika** halbieren, entkernen und fein würfeln, die **Zucchini** fein würfeln. Das Gemüse in 1,5 l Wasser bei schwacher Hitze 45 Minuten köcheln lassen.

• **Basilikum** waschen und hacken, **Chorizo** in Streifen schneiden. **Basilikum** und **Chorizo** in die heiße Bouillon geben. Salzen, pfeffern und dann servieren.

GEFLÜGELBOUILLON MIT FENCHEL

138 kcal/Pers.

—

laktosefrei

—

glutenfrei

Putenschnitzel
x 3 (à 150 g)

Kirschtomaten
x 20

frischer Dill
1 Bund

Fenchelsamen
1 EL

Fenchel
2 Knollen

Salz, Pfeffer

Zubereitung: 20 Min.
Garzeit: 1 h

- Die **Putenschnitzel** und den **Fenchel** in kleine Stücke schneiden und in 1,5 l Wasser bei schwacher Hitze 1 Stunde kochen.
- 10 Minuten vor Ende der Garzeit **Kirschtomaten** und **Fenchelsamen** hinzufügen.
- Die Bouillon salzen, pfeffern und auf kleine Schalen verteilen. Den gehackten **Dill** darübergeben, 1 Minute ziehen lassen und servieren.

BRÜHE MIT JAKOBSMUSCHELN & SELLERIE

44 kcal/Pers.

—

laktosefrei

—

glutenfrei

Jakobsmuscheln
x 12 (mit oder ohne Rogen)

Staudensellerie
1 Stange

rosa Grapefruits
x 2

junger Blattspinat
100 g

Zitronengras
2 Stangen (fein gehackt)

Salz, Pfeffer

Zubereitung: 20 Min.
Garzeit: 25 Min.

- **Selleriestangen** in Scheiben schneiden und mit dem **Zitronengras** in 1,5 l Wasser bei schwacher Hitze 25 Minuten köcheln lassen.
- **Grapefruits** auspressen, den Saft absieben.
- **Jakobsmuscheln** und gewaschenen **Spinat** zur Brühe geben. Den Herd ausschalten und die Brühe etwas abkühlen lassen. **Grapefruitsaft** zugeben, salzen, pfeffern und lauwarm servieren.

THAI-SUPPE MIT HÄHNCHEN & GARNELEN

600 kcal/Pers.

—

laktosefrei

—

glutenfrei

Hähnchenbrustfilet
x 2

Champignons
500 g

rohe Garnelen
x 12 (ausgelöst)

Zitronengras
2 Stangen (fein gehackt)

Kokosmilch
800 ml

Salz, Pfeffer

Zubereitung: 20 Min.
Garzeit: 46 Min.

- Die **Hähnchenbrust** und die **Champignons** in Stücke schneiden. Mit dem **Zitronengras** und der **Kokosmilch** in einen Topf geben und bei schwacher Hitze 45 Minuten köcheln lassen.
- Die entdarmten **Garnelen** hinzufügen und noch 1 Minute mitkochen. Salzen, pfeffern. Nach Belieben vor dem Servieren mit etwas Koriandergrün bestreuen.

KABELJAU-CONSOMMÉ MIT GRÜNEM TEE

140 kcal/Pers.

—

glutenfrei

—

laktosefrei

Kabeljau
350 g

schwarze Oliven
x 12 (entsteint)

Estragon
1 Bund

Clementinen
x 4

Grüner Jasmintee
500 ml (kalt)

Zubereitung: 10 Min.
Garzeit: 5 Min.

- Den **Kabeljau** 5 Minuten dampfgaren oder in Wasser kochen. Portionsweise auf Schälchen verteilen und die grob zerkleinerten **Oliven** und den gehackten **Estragon** hinzugeben.
- Die **Clementinen** auspressen, den Saft absieben und mit dem kalten **Tee** mischen. Über den **Fisch** und die **Oliven** gießen und servieren.

BRÜHE MIT GARNELEN & INGWER

64 kcal/Pers.

—

laktosefrei

Chinakohl
400 g

rohe Garnelen
x 24 (ausgelöst)

Ingwer
50 g

Anissamen
2 EL

Sojasauce
4 EL

Zubereitung: 20 Min.
Garzeit: 46 Min.

- **Chinakohl** in Streifen und Ingwer in dünne Scheiben schneiden. Zusammen mit den **Anissamen** in einen Topf geben, mit 1,5 l Wasser bedecken und bei schwacher Hitze 45 Minuten köcheln lassen.
- Die entdarmten **Garnelen** und die **Sojasauce** hinzufügen, noch 1 Minute garen und servieren.

SPINAT-KOKOS-CREME MIT LACHS

435 kcal/Pers.

—

laktosefrei

—

glutenfrei

junger Blattspinat
300 g

Kokosmilch
800 ml

Knollensellerie
150 g

Räucherlachs
4 Scheiben

Salz, Pfeffer

Zubereitung: 20 Min.
Garzeit: 20 Min.

• Den **Spinat** waschen, Stielenden entfernen. Einige Blätter beiseitelegen, den Rest mit der **Kokosmilch**, dem geschälten, grob gewürfelten **Sellerie** und 500 ml Wasser bei schwacher Hitze 20 Minuten köcheln lassen, dann pürieren.

• Salzen, pfeffern und auf Schälchen verteilen. Mit den restlichen **Spinatblättern** und dem in kleine Stücke geschnittenen **Lachs** servieren.

MINESTRONE

64 kcal/Pers.

—

vegan

—

glutenfrei

Erbsen
150 g (TK oder frisch)

Kirschtomaten
x 8

Knollensellerie
300 g

Möhren
300 g

grüne Bohnen
100 g

Salz, Pfeffer

Olivenöl

Zubereitung: 20 Min.
Garzeit: 50 Min.

- **Sellerie** und **Möhren** schälen und fein würfeln. **Bohnen** in kleine Stücke schneiden. Das Gemüse in 1,5 l Wasser bei schwacher Hitze 45 Minuten köcheln lassen.
- Die **Erbsen** und die halbierten **Tomaten** dazugeben und weitere 5 Minuten garen. Salzen, pfeffern und vor dem Servieren nach Belieben mit etwas **Olivenöl** beträufeln.

HÜHNERBOUILLON MIT INGWER

282 kcal/Pers.

—

laktosefrei

Hähnchenbrustfilets
x 3

Kirschtomaten
250 g

frischer Ingwer
80 g

Basilikum
1 Bund

Sojasauce
4 EL

Zubereitung: 20 Min.
Garzeit: 45 Min.

- Das in Stücke geschnittene **Hähnchenbrustfilet**, den geschälten, geriebenen **Ingwer** und die halbierten **Tomaten** in 1,5 l Wasser bei schwacher Hitze 45 Minuten köcheln lassen.
- **Basilikum** waschen, trocken tupfen, die Blätter abzupfen und hacken. Mit der **Sojasauce** in die Bouillon geben, umrühren und servieren.

KOHLSUPPE MIT SCHELLFISCH

175 kcal/Pers.

—

laktosefrei

—

glutenfrei

geräucherter Schellfisch
1 Filet (350 g)

Wirsing
500 g

Gemüsezwiebel
x 1

Bouquet garni
x 1

Möhren
x 2

Salz, Pfeffer

Zubereitung: 15 Min.
Garzeit: 1 h

- Die **Zwiebel** in Würfel, den **Kohl** in Streifen und die **Möhren** in Scheiben schneiden. Mit dem **Bouquet garni** in 1,5 l Wasser bei schwacher Hitze 55 Minuten köcheln lassen.
- Den in Stücke geschnittenen **Schellfisch** hinzufügen und weitere 5 Minuten köcheln lassen. Salzen, pfeffern und servieren.

JAKOBSMUSCHELN MIT VANILLEBOUILLON

52 kcal/Pers.

—

laktosefrei

—

glutenfrei

Jakobsmuscheln
x 12 (mit oder ohne Rogen)

Vanille
3 Schoten

Lauchstangen
x 2 (klein)

rosa Grapefruit
x 1 (ausgepresst)

Pfeffer

Zubereitung: 15 Min.
Garzeit: 23 Min.

- Das Mark aus den **Vanilleschoten** schaben und beiseitestellen.
- **Lauch** waschen, fein schneiden und mit den **Vanilleschoten** in 1,5 l Wasser bei schwacher Hitze 15 Minuten kochen. **Jakobsmuscheln** in Stücke schneiden und 8 Minuten mitköcheln lassen. Pfeffern, 100 ml **Grapefruitsaft** und das **Vanillemark** dazugeben. Servieren.

KALTE AVOCADO-BIRNEN-SUPPE

162 kcal/Pers.

—

vegan

—

glutenfrei

Birnen
x 2

Avocado
x 1

Grüner Tee Zitrone
500 ml (kalt)

Basilikum
16 Blätter

rosa Grapefruits
x 2

Pfeffer

Zubereitung: 20 Min.

- Die **Grapefruits** auspressen, 200 ml Saft auffangen, absieben und mit dem Tee mischen.
- Kurz vor dem Servieren **Birnen** und **Avocado** in Stücke schneiden, **Basilikum** mit der Küchenschere zerkleinern.
- Alles auf Schälchen verteilen, leicht pfeffern und mit der **Grapefruit-Tee-Mischung** übergießen.

ARTISCHOCKENCREME MIT WEICHEM EI

217 kcal/Pers.

—

glutenfrei

Artischockenböden
x 8

Eier
x 4

Bündnerfleisch
4 Scheiben

Frischkäse 20 %
120 g

Salz, Pfeffer

Zubereitung: 15 Min.
Garzeit: 35 Min.

- Die **Artischockenböden** 30 Minuten in Salzwasser kochen. Mit dem **Frischkäse** und 50 ml Wasser im Mixer pürieren, salzen und pfeffern.
- Das **Bündnerfleisch** fein hacken. Die **Eier** in exakt 5 Minuten weich kochen, dann unter fließend kaltem Wasser schälen.
- Die Creme mit **Bündnerfleisch** und den weichen **Eiern** auf Tellern anrichten und servieren.

RINDERBOUILLON MIT CHAMPIGNONS

117 kcal/Pers.

—

glutenfrei

—

laktosefrei

Rinderfilet oder -nuss
200 g

Champignons
150 g

Weiße Rüben
200 g

Möhren
250 g

getrockneter Thymian
1 EL

Salz, Pfeffer

Zubereitung: 15 Min.
Garzeit: 46 Min.

- Die fein gewürfelten **Rüben** und **Möhren** mit dem **Thymian** in 1,5 l Wasser bei schwacher Hitze 45 Minuten köcheln lassen.
- **Champignons** und **Rindfleisch** waschen, in kleine Stücke schneiden und auf Portionsschälchen verteilen. Die kochend heiße Bouillon darübergießen und 1 Minute ziehen lassen, dann pfeffern, salzen und servieren.

SPINATCREME MIT SELLERIE & GARNELEN

217 kcal/Pers.

—

laktosefrei

—

glutenfrei

Staudensellerie
2 Stangen

Kokosmilch
400 ml

Koriandergrün
12 Zweige

rohe Garnelen
x 16 (ausgelöst)

frischer Blattspinat
100 g

Salz, Pfeffer

Zubereitung: 10 Min.
Garzeit: 47 Min.

- Den **Spinat** und den in Stücke geschnittenen **Sellerie** mit 400 ml **Kokosmilch** und 100 ml Wasser bei schwacher Hitze 45 Minuten kochen. Mit dem Stabmixer pürieren, salzen und pfeffern.
- Die entdarmten **Garnelen** dazugeben und 2 Minuten mitköcheln lassen. Dann die Creme auf Portionsschälchen verteilen, mit **Koriander-blättern** bestreuen und servieren.

MEERESFRÜCHTE MIT GRÜNEM TEE

131 kcal/Pers.

—

glutenfrei

—

laktosefrei

gekochte Garnelen
x 12 (ausgelöst)

Austern
x 12 (mittelgroß)

Kirschtomaten
x 8

Zitronenthymian
4 Zweige

Grüner Jasmintee
500 ml

Zubereitung: 15 Min.
Garzeit: 5 Min.

- Den Ofen auf 180 °C vorheizen. **Austern** 5 Minuten backen, öffnen und in Portionsschälchen geben. Das Austernwasser mit dem **Tee** und dem **Thymian** mischen und kurz erhitzen. 5 Minuten ziehen lassen, absieben und abkühlen lassen.
- Die entdarmten **Garnelen** und die gewürfelten **Tomaten** ebenfalls auf die Schalen verteilen. Den **Tee** darübergießen und servieren.

ENTENBOUILLON MIT SALBEI

66 kcal/Pers.

—

laktosefrei

Aiguillettes
x 4 (oder ½ Entenbrustfilet)

Champignons
600 g

Salbei
18 Blätter

Sojasauce
4 EL

Zubereitung: 15 Min.
Garzeit: 30 Min.

- Die **Champignons** in Scheiben schneiden, den **Salbei** fein hacken und zusammen in 1,5 l Wasser bei schwacher Hitze 30 Minuten köcheln lassen.
- Die **Entenbrust** in feine Streifen schneiden und auf Portionsschälchen verteilen. **Sojasauce** und die kochend heiße Bouillon darübergeben, 1 Minute ziehen lassen und servieren.

SAUCE TARTARE

44 kcal/Pers.

—

Passt zu: Pochiertem oder gedämpftem Fisch und Geflügel
Gegrilltem Fleisch und Fisch
Geraspeltem Rot- oder Weißkohl
Gedämpftem Gemüse
Steak Tatar
Rohkost-Sticks
Omeletts
Salaten

Estragon
1 Bund

Senf
1 EL

Schnittlauch
1 Bund

Frischkäse 20 %
120 g

Kapern
60 g

Salz, Pfeffer

Zubereitung: 15 Min.

- **Frischkäse**, **Senf** und die grob gehackten **Kapern** mischen.
- **Estragon** und **Schnittlauch** mit der Küchenschere zerkleinern und unterheben. Salzen, pfeffern und servieren.

SAUCE VIERGE

94 kcal/Pers.

—

Passt zu:
Gegrilltem Fleisch, Fisch und Geflügel
Gedämpftem Gemüse
Salaten und Rohkost
Gedämpftem Fisch und Geflügel, gedämpften Krustentieren
Weißen Bohnen oder Linsen

Tomaten
x 2

Gurke
(200 g)

Basilikum
1 Bund

Sojasauce
4 EL

Orangen
x 4

Salz, Pfeffer

Zubereitung: 15 Min.

• Die **Orangen** auspressen, den Saft auffangen. **Gurke** und **Tomaten** waschen und fein würfeln. **Basilikumblätter** abzupfen und mit der Küchenschere grob zerkleinern.

• Alle Zutaten mit dem Orangensaft und der **Sojasauce** mischen. Salzen, pfeffern und servieren.

AIOLI

42 kcal/Pers.

Passt zu:
Gedämpftem oder gekochtem Gemüse
Gegrilltem oder gedämpftem Fleisch, Fisch und Geflügel
gedämpften Krustentieren
Vollkornnudeln oder -reis
Fleisch- und Gemüsespießen
Pellkartoffeln

Knoblauch
15 Zehen

Safran
1 Prise, zerrieben

Frischkäse 20 %
120 g

Salz, Pfeffer

Zubereitung: 15 Min.
Garzeit: 30 Min.

- Den **Knoblauch** schälen, halbieren, den Keim entfernen und die halbierten Zehen in 200 ml Wasser bei schwacher Hitze etwa 30 Minuten kochen. Sie sollten sich mit der Gabel zerdrücken lassen. Vom Herd nehmen und abkühlen lassen.
- Den **Safran** und den **Frischkäse** hinzugeben und alles mit dem Stabmixer pürieren.

Salzen, pfeffern und servieren.

ROTWEINSAUCE

108 kcal/Pers.

—

Passt zu:
Gegrilltem Fleisch, Fisch, Geflügel
Pochierten oder hartgekochten Eiern
Gedämpftem Gemüse
Meeresfrüchten
Rosenkohl aus der Pfanne
Tofu

Schalotten
x 6

Rotwein
500 ml

Knoblauch
2 Zehen

Bouquets garnis
x 2

Gemüsebrühe
300 ml

Salz, Pfeffer

Zubereitung: 15 Min.
Garzeit: 1 h

• **Schalotten** und **Knoblauch** schälen und fein würfeln. Mit dem **Rotwein**, der **Gemüsebrühe** und den **Bouquets garnis** erhitzen.

• Bei schwacher Hitze auf ungefähr ¾ der Flüssigkeit einkochen lassen, bis eine sämige Sauce entsteht (etwa 1 Stunde). Salzen, pfeffern und heiß servieren.

LEICHTE REMOULADE

109 kcal/Pers.

—

Passt zu:
Artischockenböden
Schwarzwurzeln
Pochiertem Hähnchen
Kalbs- oder Hechtklößchen
Gebratenem Chicorée
Tomatensalat
Salatherzen
Gegrilltem Fleisch und Fisch

scharfer Senf
1 EL

Eier
x 2, hart gekocht

glatte Petersilie
1 Bund

Frischkäse 20 %
180 g

Cornichons
x 16

Salz, Pfeffer

Zubereitung: 15 Min.

- Die **Petersilie** waschen, die Blätter abzupfen und mit der Küchenschere zerkleinern. **Cornichons** in kleine Stücke schneiden.
- **Petersilie** und **Cornichons** mit dem **Frischkäse,** den zerdrückten **Eiern** und dem **Senf** mischen, salzen, pfeffern und servieren.

SAUCE BOLOGNESE

123 kcal/Pers.

Passt zu:
Gedämpftem Gemüse
Palmherzen
Vollkornnudeln
Fein geschnittenem Wirsing
Blumenkohl
Rosenkohl
Zucchinischeiben

Tomaten
500 g (reif)

Putenschnitzel
x 2 (à 150 g)

weiße Zwiebel
x 1

Tomatenmark
2 EL

getrockneter Thymian
1 EL

Salz, Pfeffer

Zubereitung: 15 Min.
Garzeit: 45 Min.

- Die **Putenschnitzel**, die **Tomaten** und die **Zwiebel** würfeln. Mit dem **Tomatenmark**, dem **Thymian** und 200 ml Wasser 45 Minuten bei schwacher Hitze köcheln lassen.
- Mit einem Stabmixer grob pürieren. Salzen, pfeffern und servieren.

CARBONARA-SAUCE

152 kcal/Pers.

—

Passt zu:
Gedämpftem Gemüse
Palmherzen
Vollkornnudeln
Rosenkohl
Zucchinischeiben

Eier, getrennt
x 2 (nur die Eigelbe)

Feta
50 g

gekochter Schinken
2 Scheiben

geriebene Muskatnuss
¼ EL

Frischkäse 20 %
120 g

Salz, Pfeffer

Zubereitung: 10 Min.

- Den **Feta** zerdrücken, den **Schinken** in kleine Stücke schneiden.
- **Frischkäse**, **Eigelbe**, **Feta**, **Schinken** und **Muskatnuss** in einer Schüssel mischen.
- Salzen, pfeffern und direkt vor dem Servieren über die Zutat Ihrer Wahl geben.

ORANGEN-VINAIGRETTE

20 kcal/Pers.

Passt zu:
Salaten
Gedämpftem Fisch, Geflügel
Gedämpften Krustentieren
Gedämpftem oder gekochtem Gemüse
Weißen Bohnen oder Linsen
Hartweizengrieß

Orange
x 1

körniger Senf
2 EL

Sojasauce
4 EL

Salz, Pfeffer

Zubereitung: 5 Min.

• Die **Orange** auspressen, den Saft auffangen und mit dem **Senf**, der **Sojasauce** und 6 EL Wasser mischen. Salzen, pfeffern und servieren.

CURRYSAUCE

258 kcal/Pers.

Passt zu:
Gedämpftem Geflügel, Fisch und Gemüse
Gegrillten oder gedämpften Meeresfrüchten
Gegrilltem Fisch und Fleisch
Rohkost-Sticks
Gebackenem Kürbis
Vollkornnudeln oder -reis

Currypulver
2 EL

Mango
½

Apfel
x 1

Kokosmilch
400 ml

Koriandergrün
20 Blätter

Salz, Pfeffer

Zubereitung: 15 Min.
Garzeit: 30 Min.

- **Mango** und **Apfel** schälen und in kleine Stücke schneiden. Mit der **Kokosmilch** und dem **Curry** in einen Topf geben und bei sehr schwacher Hitze 30 Minuten köcheln lassen.
- Alles mit einem Stabmixer pürieren. Salzen, pfeffern, das fein gehackte **Koriandergrün** hinzufügen und servieren.

BARBECUE-SAUCE

86 kcal/Pers.

—

Passt zu:
Gegrilltem Fleisch, Fisch, Geflügel
Gegrillten oder gedämpften Meeresfrüchten
Braten
Fleisch- oder Fischspießen
Gegrilltem Gemüse
Gegrillten oder gekochten Würstchen
Tofu

Kidneybohnen
1 kleine Dose

Tomatenmark
1 EL

Apfel
x 1

Honig
3 EL

Sojasauce
6 EL

Salz, Pfeffer

Zubereitung: 15 Min.
Garzeit: 30 Min.

- Den **Apfel** schälen und in kleine Stücke schneiden. Mit den abgetropften **Bohnen**, dem **Tomatenmark**, dem **Honig**, der **Sojasauce** und 20 ml Wasser in einen Topf geben und bei sehr schwacher Hitze 30 Minuten köcheln lassen.
- Alles mit einem Stabmixer pürieren, salzen, pfeffern und servieren.

KETCHUP

61 kcal/Pers.

—

Passt zu:
Vollkornnudeln oder Vollkornreis
Gegrilltem Fleisch, Fisch, Geflügel
Gedämpftem Fisch und Meeres-früchten
Gedämpftem Gemüse
Rohkost-Sticks
Geraspeltem Fenchel
Omelett

Tomaten
500 g

weiße Zwiebel
x 1

Honig
3 EL

Tomatenmark
1 EL

Essig
2 EL

Salz, Pfeffer

Zubereitung: 15 Min.
Garzeit: 30 Min.

- Die **Tomaten** halbieren, entkernen und in kleine Würfel schneiden. Mit **Tomatenmark**, **Essig**, gehackter **Zwiebel**, **Honig** und 20 ml Wasser in einen Topf geben. Bei schwacher Hitze 30 Minuten köcheln lassen, bis die **Tomaten** eine Konsistenz wie Kompott haben.
- Mit dem Stabmixer pürieren, salzen, pfeffern und servieren.

SENFSAUCE

50 kcal/Pers.

Passt zu:
Gegrilltem Fleisch, Fisch, Geflügel
Kalbs- oder Hechtklößchen
Gegrillten Würstchen
Hähnchen- oder Kaninchenspießen
Gebratener Geflügelleber
Rosenkohl aus der Pfanne
Gedämpftem Gemüse
Braten

körniger Senf
2 EL

Senf
1 EL

Frischkäse 20 %
120 g

getrockneter Thymian
2 TL

Salz, Pfeffer

Zubereitung: 5 Min.
Garzeit: 10 Min.

- Alle Zutaten in einem Topf vermischen und bei schwacher Hitze 10 Minuten köcheln lassen. Dabei beständig mit dem Schneebesen rühren. Salzen, pfeffern und servieren.

LACHS MIT AVOCADO & CHAMPIGNONS

477 kcal/Pers.

—

glutenfrei

—

laktosefrei

Lachsfilet
x 4 (mit Haut)

Avocado
x 1

Champignons
x 8 (groß)

Schnittlauch
1 Bund

Limette
x 1

Salz, Pfeffer

Zubereitung: 15 Min.
Garzeit: 20 Min.

- Den Ofen auf 180 °C vorheizen. Den **Lachs** mit der Haut nach unten im Ofen 20 Minuten garen.
- **Avocado** schälen und in Scheiben schneiden. **Schnittlauch** in Röllchen und **Champignons** in Scheiben schneiden. Alles mit **Limettensaft** mischen, salzen und pfeffern.
- Zum Anrichten die Avocadomischung auf den Lachs geben und servieren.

BEEFSTEAK-TATAR MIT AUBERGINE

313 kcal/Pers.

—

glutenfrei

—

laktosefrei

Rinderfilet
600 g

Auberginen
x 3 (mittelgroß)

Basilikum
1 Bund

Olivenöl
2 EL

Salz, Pfeffer

Zubereitung: 10 Min.
Garzeit: 40 Min.

- Das **Basilikum** waschen, trocken tupfen und hacken. Das **Rindfleisch** sehr fein würfeln.
- Die ganzen **Auberginen** 40 Minuten dampfgaren, dann abkühlen lassen. Das Fruchtfleisch mit einem Löffel herausschaben und mit den restlichen Zutaten mischen. Salzen, pfeffern und servieren.

BEEFSTEAK-TATAR MIT KRÄUTERN

229 kcal/Pers.

—

glutenfrei

—

laktosefrei

Rinderfilet
400 g

Basilikum
1 Bund

Koriandergrün
1 Bund

Radieschen
x 12

Sesamsamen
2 EL

Salz, Pfeffer

2 EL Sesamöl

Zubereitung: 20 Min.

- Die **Radieschen** waschen, von den Stielen befreien und in kleine Würfel schneiden. Die **Kräuter** waschen und hacken.
- Das **Rinderfilet** in kleine Stücke schneiden.
- Alle Zutaten in einer Schüssel mischen. Salzen, pfeffern, mit dem Sesamöl beträufeln und sofort servieren.

GEDÄMPFTES RINDERSTEAK

586 kcal/Pers.

—

dampfgegart

—

glutenfrei

Hochrippe vom Rind
x 1 (mit wenig Fett)

Ei
x 1

Estragon
1 Bund

Senf
1 TL

Frischkäse 20 %
120 g

Salz, Pfeffer

Zubereitung: 15 Min.
Garzeit: 15 Min.

- Das **Ei** trennen. Das **Eigelb** verquirlen und mit dem **Senf**, dem **Frischkäse** und dem mit der Küchenschere zerkleinerten **Estragon** mischen.
- Das **Eiweiß** steif schlagen und unter die Frischkäsemischung heben.
- Das **Rindfleisch** exakt 15 Minuten dampfgaren. In Scheiben schneiden, salzen, pfeffern und mit der Sauce servieren.

SCHWEINEFILET-SPIESSE MIT APRIKOSEN

135 kcal/Pers.

—

dampfgegart

—

laktosefrei

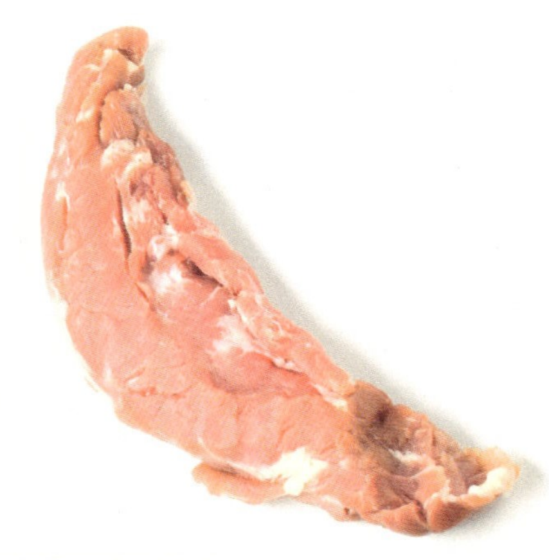

Filet Mignon (Schwein)
x 1

Aprikosen
x 8

Sojasauce
2 EL

flüssiger Honig
1 EL

Koriandergrün
4 Zweige

Zubereitung: 15 Min.
Garzeit: 20 Min.

- Das **Schweinefilet** und die **Aprikosen** in gleichmäßige Stücke schneiden und abwechselnd auf 8 Spieße stecken.
- Die Spieße 20 Minuten dampfgaren. Auf einer Platte anrichten und mit der **Sojasauce** und dem **Honig** beträufeln. Mit **Koriandergrün** garniert servieren.

KALBSRAGOUT MIT KOKOS

747 kcal/Pers.

—

laktosefrei

—

glutenfrei

Kalbsschulter
1,2 kg (gewürfelt)

Erbsen
100 g (TK oder frisch)

Zuckerschoten
100 g

junger Blattspinat
100 g

Kokosmilch
400 ml

Salz, Pfeffer

Zubereitung: 20 Min.
Garzeit: 1 h 10

- Das **Kalbfleisch** in 1 l Wasser bei schwacher Hitze 1 Stunde kochen. Fleisch herausnehmen, die **Kokosmilch** in den Topf geben und die Flüssigkeit auf die Hälfte reduzieren.
- **Zuckerschoten**, **Erbsen** und **Spinat** hineingeben. Bei schwacher Hitze weitere 10 Minuten köcheln lassen, dann das Fleisch wieder hinzufügen. Erwärmen, salzen, pfeffern und servieren.

SCHWEINEFILET MIT LAUCH

135 kcal/Pers.

—

dampfgegart

—

laktosefrei

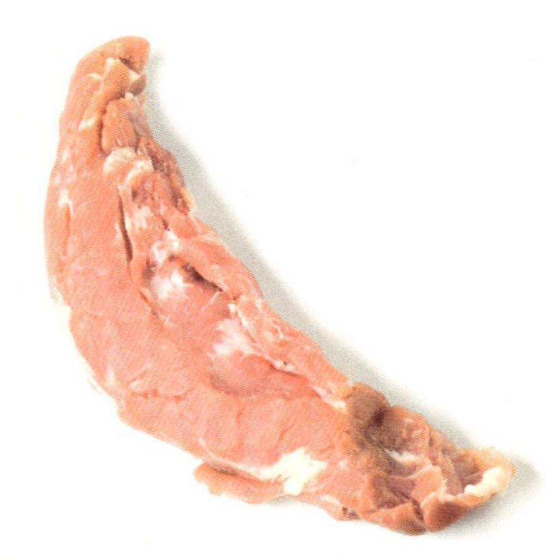

Filet Mignon (Schwein)
x 1 (vom Fett befreit)

Lauchstange
x 1

körniger Senf
3 EL

Salz, Pfeffer

Zubereitung: 15 Min.
Garzeit: 43 Min.

- Die **Lauchstangen** längs halbieren, unter fließendem kaltem Wasser waschen und in kochendem Wasser 3 Minuten garen.
- Das **Schweinefilet** mit **Senf** bestreichen und mit dem Lauch umwickeln, dann 40 Minuten dampfgaren. Salzen, pfeffern.
- Das **Filet** in dicke Scheiben schneiden und mit einem Salat und Senfsauce servieren.

KALBFLEISCH MIT MÖHREN & ROSMARIN

567 kcal/Pers.

—

laktosefrei

—

glutenfrei

Kalbsschulter
1,2 kg (gewürfelt)

Möhren
x 8

Rosmarin
3 Zweige

weiße Zwiebeln
x 2

Salz, Pfeffer

Zubereitung: 10 Min.
Garzeit: 1 h 30

• Das **Kalbfleisch**, die halbierten **Rosmarinzweige**, die in Scheiben geschnittenen **Möhren** und die gewürfelten **Zwiebeln** in einen Schmortopf aus Gusseisen geben.

• Wasser hinzugießen, bis die Zutaten eben bedeckt sind. Alles bei sehr schwacher Hitze 1 ½ Stunden köcheln lassen. Salzen, pfeffern und direkt im Topf servieren.

SCHWEINEFILET, PILZE & HEIDELBEEREN

140 kcal/Pers.

—

laktosefrei

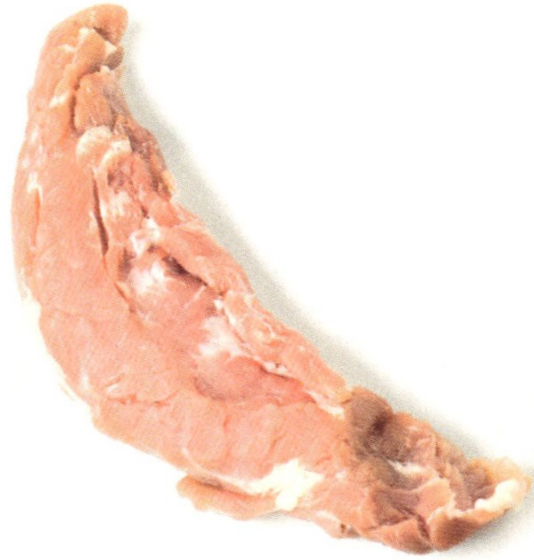

Filet Mignon (Schwein)
x 1 (vom Fett befreit)

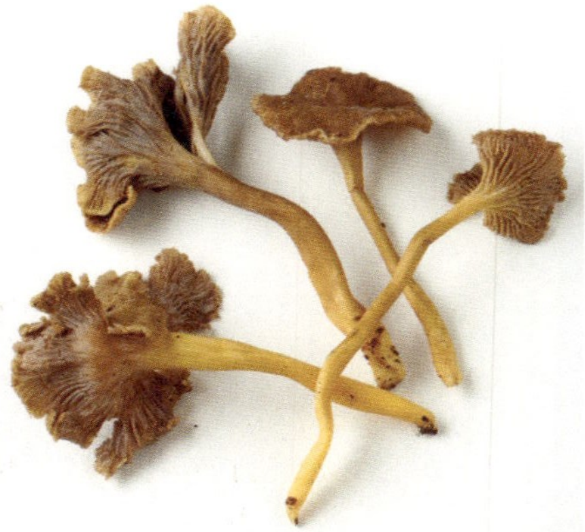

Trompetenpfifferlinge
300 g

Heidelbeeren
x 32

Sojasauce
4 EL

Salz, Pfeffer

Zubereitung: 15 Min.
Garzeit: 5 Min.

• **Schweinefilet** in Würfel schneiden. **Pfifferlinge** waschen und trocken tupfen. **Heidelbeeren** waschen.

• Das **Schweinefilet** 1 Minute in einer sehr heißen beschichteten Pfanne ohne Fett anbraten. Salzen, pfeffern und 1 weitere Minute braten.

• **Pilze**, **Beeren** und **Sojasauce** dazugeben und weitere 3 Minuten braten, dann servieren.

HÄHNCHEN MIT PAPRIKA & BASILIKUM

348 kcal/Pers.

—

laktosefrei

—

glutenfrei

Hähnchenbrustfilets
x 4

rote Paprikaschoten
x 2 (in Stücke geschnitten)

Knoblauch
6 Zehen

Basilikum
1 Bund

weiße Zwiebel
x 1

Salz, Pfeffer

Zubereitung: 10 Min.
Garzeit: 50 Min.

• **Paprikaschoten**, geschälten **Knoblauch** und fein gewürfelte **Zwiebel** mit 200 ml Wasser bei schwacher Hitze 30 Minuten köcheln lassen. Alles mit dem Stabmixer pürieren.

• Die in große Stücke geschnittene **Hähnchenbrust** dazugeben, salzen, pfeffern und alles weitere 20 Minuten garen. Unmittelbar vor dem Servieren mit gehacktem **Basilikum** bestreuen.

GEDÄMPFTES RINDERFILET & SENFSAUCE

360 kcal/Pers.

—

dampfgegart

—

glutenfrei

Rinderfilets
x 4 (à 170 g)

körniger Senf
4 EL

Dill
2 Bund

Frischkäse 20 %
240 g

Himbeeressig
2 EL

Salz, Pfeffer

Zubereitung: 10 Min.
Garzeit: 5 Min.

- Den **Dill** waschen, etwas zum Garnieren beiseitelegen, den Rest hacken. Den **Frischkäse** mit **Senf**, **Essig** und gehacktem **Dill** mischen.
- Die **Rinderfilets** salzen, pfeffern und 5 Minuten dampfgaren, dann in Scheiben schneiden.
- **Filetscheiben** auf Tellern anrichten, mit ein paar **Dillzweigen** garnieren und mit der Senfsauce servieren.

HÄHNCHEN-KÜRBIS-SPIESSE

278 kcal/Pers.

—

laktosefrei

—

glutenfrei

Kürbis
200 g

Hähnchenbrustfilets
600 g

Sesamsamen
2 EL

Balsamicoessig
2 EL

Zuckerschoten
x 32

Salz, Pfeffer

Zubereitung: 20 Min.
Garzeit: 25 Min.

- Den Ofen auf 180 °C vorheizen.
- **Zuckerschoten** von den Stielenden befreien, **Kürbis** und **Hähnchen** in Stücke schneiden. Die Zutaten abwechselnd auf 4 Spieße stecken.
- Die Spieße in eine ofenfeste Form legen, salzen, pfeffern, mit **Balsamico** beträufeln und im Ofen 25 Minuten garen. Mit **Sesamsamen** bestreuen und servieren.

TOMATEN-BURGER

269 kcal/Pers.

—

laktosefrei

—

glutenfrei

Tomaten
x 4 (groß)

Hacksteaks
x 4 (à 100 g)

Senf
1 TL

Kopfsalat
8 Blätter

gekochter Schinken
2 Scheiben

Olivenöl

Salz, Pfeffer

Zubereitung: 15 Min.
Garzeit: 7 Min.

- Den Ofen auf 180 °C vorheizen.
- **Hacksteaks** in einer Pfanne mit einem Spritzer **Olivenöl** auf jeder Seite je 1 Minute anbraten.
- **Tomaten** halbieren, die Innenseiten mit **Senf** bestreichen. ½ Scheibe **Schinken** auf eine Hälfte und ein **Hacksteak** auf die andere Hälfte legen. Im Ofen 5 Minuten braten. **Salatblätter** darauflegen, Burger zusammensetzen und servieren.

GEFLÜGELLEBER MIT PASTINAKENPÜREE

228 kcal/Pers.

—

glutenfrei

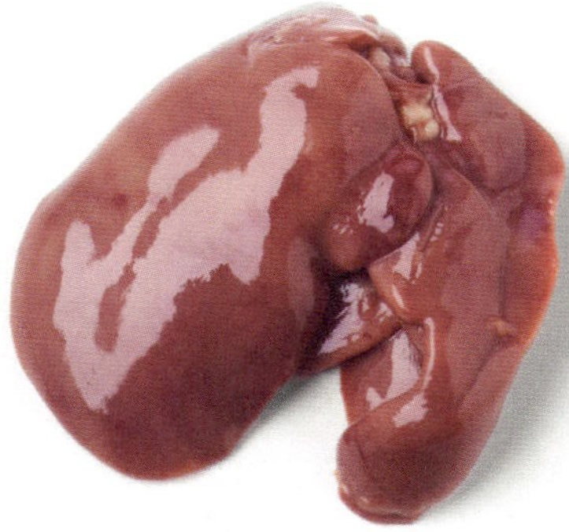

Hähnchenleber
x 8

Pastinaken
x 4

Portwein
4 EL

Heidelbeeren
x 20

Magerquark
2 EL

Salz, Pfeffer

Olivenöl

Zubereitung: 15 Min.
Garzeit: 25 Min.

- **Pastinaken** schälen, mit Wasser bedecken und 25 Minuten kochen. Mit dem Stabmixer pürieren, den **Quark** hinzufügen, salzen und pfeffern.
- **Leber** in einem Spritzer **Olivenöl** anbraten. Mit **Portwein** ablöschen, die **Heidelbeeren** dazugeben und unter Rühren einkochen lassen. Die **Leber** auf dem **Pastinakenpüree** anrichten und servieren.

PUTENSCHNITZEL MIT CHAMPIGNONS

—

213 kcal/Pers.

—

Putenschnitzel
x 4

Champignons
500 g

Estragon
1 Bund

Kochsahne
500 ml

Sojasauce
4 EL

Salz, Pfeffer

Olivenöl

Zubereitung: 20 Min.
Garzeit: 20 Min.

- Die **Putenschnitzel** in einer Pfanne mit einem Spritzer Olivenöl anbraten. **Sojasauce**, die in Scheiben geschnittenen **Champignons** und **Sahne** hinzufügen.
- Bei schwacher Hitze unter Rühren 20 Minuten köcheln lassen. Salzen, pfeffern, mit gehacktem **Estragon** bestreuen und servieren.

POCHIERTES HÄHNCHEN MIT INGWER

477 kcal/Pers.

—

laktosefrei

—

glutenfrei

Freilandhähnchen
x 1 (küchenfertig)

frischer Ingwer
100 g

Zitronengras
4 Stangen

weiße Zwiebeln
x 2

Thymian
5 Zweige

Salz, Pfeffer

Zubereitung: 10 Min.
Garzeit: 1 h

- Das **Hähnchen** mit dem in Scheiben geschnittenen **Ingwer**, dem in Stücke geschnittenen **Zitronengras**, den gewürfelten **Zwiebeln** und dem **Thymian** in einen Bräter legen.
- Mit Wasser bedecken, salzen, pfeffern und bei schwacher Hitze 1 Stunde köcheln lassen.
- Zum Servieren das **Hähnchen** tranchieren, die Bouillon getrennt dazu reichen.

ENTE MIT ERBSEN & SALBEI

405 kcal/Pers.

—

laktosefrei

—

glutenfrei

Aiguillettes
x 8 (oder 1 Entenbrustfilet)

Salbeiblätter
x 8

Erbsen
500 g (TK oder frisch)

Olivenöl
2 EL

Salz, Pfeffer

Zubereitung: 15 Min.
Garzeit: 12 Min.

• Das **Olivenöl** in einer Pfanne erhitzen und die **Aiguillettes** oder die in Streifen geschnittene Entenbrust darin von jeder Seite je 1 Minute scharf anbraten.

• Die **Erbsen** und den gehackten **Salbei** dazugeben. Bei schwacher Hitze unter Rühren 10 Minuten braten. Salzen, pfeffern und servieren.

GEDÄMPFTES REHFILET MIT WALDBEEREN

169 kcal/Pers.

—

laktosefrei

Rehfilet
500 g

gemischte Beeren
100 g

Sojasauce
6 EL

Estragon
1 Bund

rosa Pfeffer
1 TL

Salz, Pfeffer

Zubereitung: 10 Min.
Garzeit: 6 Min.

- Die **Beeren** mit der **Sojasauce** und dem gehackten **Estragon** in einen Topf geben, 1 Minute köcheln lassen und beiseitestellen.
- Das **Rehfilet** salzen und pfeffern, 5 Minuten dampfgaren, dann in Scheiben schneiden und auf einer Platte anrichten.
- Das **Filet** mit zerdrücktem **rosa Pfeffer** bestreuen und mit dem Beerenkompott servieren.

HÄHNCHEN MIT PFIFFERLINGEN

342 kcal/Pers.

—

glutenfrei

Hähnchenbrustfilets
600 g (gewürfelt)

Pfifferlinge
240 g

Ziegenfrischkäse
150 g (geviertelt)

Thymian
8 Zweige

Salz, Pfeffer

Walnussöl

Zubereitung: 15 Min.
Garzeit: 25 Min.

- Den Ofen auf 180 °C vorheizen.
- Die **Pfifferlinge** waschen und trocken tupfen.
- **Ziegenkäse**, **Hähnchen**, **Pfifferlinge** und **Thymian** auf 4 Blätter Backpapier verteilen, salzen und pfeffern. Die Blätter zu luftdichten Päckchen falten und im Ofen 25 Minuten garen.
- Die Päckchen auf Tellern anrichten, öffnen, mit etwas Walnussöl beträufeln und servieren.

GEFÜLLTE TOMATEN MIT AUBERGINE

168 kcal/Pers.

—

glutenfrei

—

laktosefrei

Tomaten
x 8 (mittelgroß)

Auberginen
x 2

Hackfleisch vom Rind
200 g

getrockneter Thymian
2 EL

Salz, Pfeffer

Zubereitung: 20 Min.
Garzeit: 1 h

- Die **Auberginen** 40 Minuten dampfgaren. Das Fruchtfleisch aus der Schale lösen und mit **Hackfleisch** und **Thymian** mischen. Salzen, pfeffern.
- Den Ofen auf 180 °C vorheizen.
- Die **Tomaten** aushöhlen, Fruchtfleisch in eine ofenfeste Form geben, die **Tomaten** mit der **Hackfleischmischung** füllen und ebenfalls in die Form setzen. Im Ofen 20 Minuten garen.

ERBSEN, MERGUEZ & BROKKOLI

194 kcal/Pers.

—

laktosefrei

—

glutenfrei

Erbsen
400 g (TK oder frisch)

Merguez
x 2 (scharfe Lammbratwurst)

Kirschtomaten
200 g

Brokkoli
250 g

getrockneter Oregano
1 EL

Salz, Pfeffer

Zubereitung: 15 Min.
Garzeit: 40 Min.

- Die **Merguez** mit einer Gabel einstechen und in kochendem Wasser 20 Minuten garen. Danach in Scheiben schneiden und in einer Pfanne ohne Fett anbraten.
- **Erbsen**, **Kirschtomaten**, den in Röschen zerteilten **Brokkoli** und **Oregano** hinzugeben. Alles 20 Minuten unter Rühren braten. Salzen, pfeffern und servieren.

LEICHTER EINTOPF

544 kcal/Pers.

—

laktosefrei

—

glutenfrei

Rinderschulter
900 g

Weiße Rüben
x 4 (geputzt und halbiert)

Möhren
x 4 (geputzt und halbiert)

Fenchel
x 2 (geputzt und halbiert)

Bouquet garni
x 1

Salz, Pfeffer

Zubereitung: 10 Min.
Garzeit: 2 h

• Das **Rindfleisch** in einen Topf geben und gerade eben mit Wasser bedecken. Zum Kochen bringen, dann das Wasser abgießen und das Fleisch kurz unter fließendem Wasser abspülen.

• Das **Fleisch** mit dem **Gemüse**, dem **Bouquet garni** und 2 l Wasser wieder in den Topf geben und abgedeckt bei schwacher Hitze 2 Stunden köcheln lassen. Salzen, pfeffern und servieren.

RINDFLEISCH-MÖHREN-PFANNE

299 kcal/Pers.

—

laktosefrei

—

glutenfrei

Rindersteaks
x 4 (ca. 600 g)

Möhren
500 g

glatte Petersilie
4 Zweige

Olivenöl
2 EL

Salz, Pfeffer

Zubereitung: 20 Min.
Garzeit: 3 Min.

- Die **Möhren** schälen und raspeln. Das **Rindfleisch** in kleine Stücke schneiden. **Petersilie** waschen und hacken.
- Das **Olivenöl** in einer Pfanne erhitzen und das **Fleisch** darin 1 Minute scharf anbraten, dann die **Möhren** und die **Petersilie** hinzugeben. Salzen, pfeffern, 2 Minuten unter Rühren braten und dann servieren.

PUTENSCHNITZEL MIT TOMATEN

202 kcal/Pers.

—

laktosefrei

—

glutenfrei

Putenschnitzel
x 4 (dünn)

Tomaten
x 3 (groß)

Bouquets garnis
x 2

Weißwein
80 ml

Salz, Pfeffer

Zubereitung: 10 Min.
Garzeit: 45 Min.

- Den Ofen auf 180 °C vorheizen.
- Die **Putenschnitzel** halbieren, die **Tomaten** in dicke Scheiben schneiden und beides abwechselnd in eine Auflaufform schichten.
- Den **Weißwein** und die **Bouquets garnis** hinzufügen, salzen und pfeffern. Im Ofen 45 Minuten garen, dabei ab und zu mit dem Bratensaft übergießen. In der Form servieren.

KALBSRAGOUT MIT KÜRBIS

542 kcal/Pers.

—

laktosefrei

—

glutenfrei

Kalbsschulter
1,2 kg

Kürbis
500 g (in Stücke geschnitten)

weiße Zwiebeln
x 2

Sesamsamen
2 TL

Koriandergrün
4 Zweige

Salz, Pfeffer

1 EL Sesamöl

Zubereitung: 20 Min.
Garzeit: 1 h 30

- **Kalbfleisch** und gewürfelte **Zwiebeln** in 1,5 l Wasser bei sehr schwacher Hitze 1 Stunde garen. Dann das Fleisch herausnehmen.
- Den **Kürbis** in die Kochflüssigkeit geben und 30 Minuten köcheln lassen. Mit dem Stabmixer pürieren, salzen und pfeffern.
- Das **Fleisch** wieder in den Topf geben, **Koriander**, **Sesamsamen** und **Sesamöl** hinzugeben.

PUTE MIT KÜRBIS & SALBEI IN PERGAMENT

265 kcal/Pers.

—

glutenfrei

—

laktosefrei

Putenschnitzel
x 4

Kürbis
400 g

Paprikapulver
1 EL

Salbei
12 Blätter

Walnussöl
2 EL

Salz, Pfeffer

Zubereitung: 15 Min.
Garzeit: 35 Min.

- Den Ofen auf 180 °C vorheizen. Den **Kürbis** und die **Putenschnitzel** in gleich große Stücke schneiden und mit **Salbei** und **Paprikapulver** auf 4 Blätter Backpapier verteilen. Salzen, pfeffern und jedes Blatt zu einem luftdichten Päckchen verschließen. Im Ofen 35 Minuten garen, dann auf Tellern anrichten, öffnen, mit **Walnussöl** beträufeln und servieren.

KANINCHEN IN WEISSWEIN

407 kcal/Pers.

—

laktosefrei

—

glutenfrei

Kaninchenkeulen
x 4

Champignons
500 g

Möhren
x 4 (groß)

Weißwein
500 ml

Bouquets garnis
x 2

Salz, Pfeffer

Zubereitung: 15 Min.
Garzeit: 1 h 30

- **Kaninchenkeulen**, geviertelte **Champignons**, geschälte und in Scheiben geschnittene **Möhren** und **Bouquets garnis** in einen Schmortopf geben.
- Den **Weißwein** und 300 ml Wasser dazugeben und alles zugedeckt 1 ½ Stunden bei sehr schwacher Hitze köcheln lassen. Salzen, pfeffern und direkt im Topf servieren.

GEFÜLLTE AUBERGINEN

140 kcal/Pers.

—

glutenfrei

Auberginen
x 2

Hackfleisch vom Rind
200 g

Kreuzkümmel
2 TL

Koriandergrün
12 Zweige

Magerquark
4 EL

Salz, Pfeffer

Zubereitung: 20 Min.
Garzeit: 1 h

- Die ganzen **Auberginen** 40 Minuten dampfgaren. Das Fruchtfleisch mit einem Löffel herauslösen und mit **Hackfleisch**, **Quark**, **Kreuzkümmel** und gehacktem **Koriandergrün** mischen. Salzen, pfeffern.
- Den Ofen auf 180 °C vorheizen.
- Die **Auberginen** mit der **Fleischfarce** füllen und im Ofen 20 Minuten garen. Heiß servieren.

LAMM-EINTOPF

581 kcal/Pers.

—

laktosefrei

—

glutenfrei

Lammkeule
x 1 (ca. 1,2 kg)

junge Mairübchen
1 Bund

junge Möhren
1 Bund

Bouquets garnis
x 2

Lauchstange
x 1

Salz, Pfeffer

Zubereitung: 20 Min.
Garzeit: 2 h

- Die **Lammkeule** vom Fett befreien und in einem großen Schmortopf mit 3 l Wasser und den **Bouquets garnis** 1 Stunde köcheln lassen.
- Das gewaschene und geschälte **Gemüse** dazugeben und alles bei schwacher Hitze noch 1 Stunde köcheln lassen. Salzen, pfeffern und direkt im Topf servieren.

HACKFLEISCHBÄLLCHEN MIT BASILIKUM

321 kcal/Pers.

—

dampfgegart

—

laktosefrei

Hackfleisch vom Rind
500 g

Kreuzkümmel
1 EL

Basilikum
1 Bund

Anissamen
1 EL

Salz, Pfeffer

Olivenöl

Zubereitung: 20 Min.
Garzeit: 3 Min.

- Das **Basilikum** hacken. Das **Hackfleisch** mit **Basilikum**, **Anis** und **Kreuzkümmel** mischen. Salzen, pfeffern.
- Aus der Masse 8 gleich große Bällchen formen und 3 Minuten dampfgaren.
- Die Fleischbällchen auf einen Teller legen und zum Servieren mit etwas Olivenöl beträufeln.

QUINOA-COUSCOUS MIT HÄHNCHEN

530 kcal/Pers.

—

dampfgegart

—

glutenfrei

Hähnchenschenkel
x 4

Merguez
x 2 (Lamm-Paprika-Würste)

Zucchini
x 2

Möhren
x 4

Quinoa
250 g

Salz, Pfeffer

Zubereitung: 15 Min.
Garzeit: 35 Min.

- Die **Hähnchenschenkel** häuten und mit den **Merguez**, den in Stücke geschnittenen **Zucchini** und den geschälten **Möhren** 35 Minuten dampfgaren. Salzen und pfeffern.
- Den **Quinoa** in 1 l Wasser garen, dann auf eine Platte geben und Fleisch und Gemüse darauf anrichten. Falls gewünscht, zum Servieren mit frischem **Koriandergrün** bestreuen.

GEDÄMPFTES RINDERFILET MIT ESTRAGON

332 kcal/Pers.

—

dampfgegart

—

glutenfrei

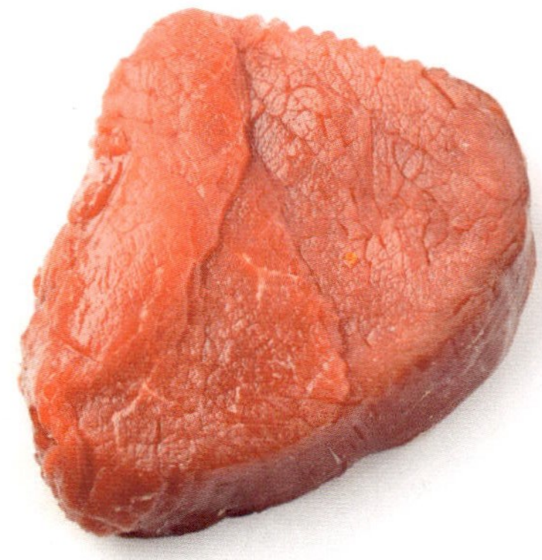

Filetsteak vom Rind
x 4 (à 170 g)

Estragon
2 Bund

Frischkäse
4 Portionen (à 35 g)

Salz, Pfeffer

Zubereitung: 5 Min.
Garzeit: 5 Min.

- 1 Bund **Estragon** hacken und mit dem **Frischkäse** mischen. Auf eine Servierplatte geben.
- 10 Minuten vor dem Servieren die **Filetsteaks** exakt 5 Minuten dampfgaren. 30 Sekunden ruhen lassen, dann in Scheiben schneiden.
- Das Fleisch auf der Frischkäse-Mischung anrichten. Mit dem restlichen **Estragon** garnieren, salzen und pfeffern.

HÄHNCHENSCHENKEL MIT SENFKRUSTE

294 kcal/Pers.

—

glutenfrei

Hähnchenschenkel
x 4

Senf
4 EL

Thymian
4 Zweige

Frischkäse 20 %
180 g

Zubereitung: 10 Min.
Garzeit: 40 Min.

- Den Ofen auf 180 °C vorheizen.
- Den **Frischkäse** mit **Senf** und **Thymian** mischen, salzen und pfeffern.
- Die **Hähnchenschenkel** häuten und in der Senfmischung wenden. In eine feuerfeste Form legen und im Ofen 40 Minuten braten. Servieren.

JAKOBSMUSCHELN MIT SAFRAN-SUD

58 kcal/Pers.

—

glutenfrei

—

laktosefrei

Jakobsmuscheln
x 12 (mit oder ohne Rogen)

Grüner Spargel
8 Stangen

Kirschtomaten
x 8

Safran
5 Fäden

Salz, Pfeffer

Zubereitung: 15 Min.
Garzeit: 5 Min.

- Den **Spargel** von den holzigen Enden befreien und in Stücke schneiden. Die **Tomaten** halbieren.
- Alle Zutaten in einen Topf geben, 500 ml Wasser angießen und alles bei sehr schwacher Hitze 5 Minuten köcheln lassen. Salzen, pfeffern und weitere 5 Minuten ziehen lassen, dann servieren.

SEEBARSCH MIT FRUCHTIGER SAUCE

273 kcal/Pers.

—

laktosefrei

Seebarsch, küchenfertig
x 1 (ca. 1 kg)

Koriandergrün
1 Bund

Passionsfrüchte
x 2

Kiwis
x 2

Sojasauce
4 EL

Salz, Pfeffer

Zitronensaft

Zubereitung: 10 Min.
Garzeit: 25 Min.

- Den Ofen auf 180 °C vorheizen. Die **Kiwis** fein würfeln, das Fruchtfleisch der **Passionsfrüchte** auslösen und das Obst mit der **Sojasauce** und dem gehackten **Koriandergrün** mischen.
- Den **Seebarsch** 25 Minuten im Ofen garen. Er sollte beim Einstechen weich sein. Die Haut entfernen, den Fisch mit **Zitronensaft** beträufeln und mit der Sauce servieren.

KABELJAU MIT FRISCHEN KRÄUTERN

168 kcal/Pers.

—

laktosefrei

Kabeljaurücken
800 g

Mandarinen
x 3

Basilikum
1 Bund

Koriandergrün
1 Bund

Sojasauce
4 EL

Salz, Pfeffer

Olivenöl

Zubereitung: 15 Min.
Garzeit: 10 Min.

- Den Ofen auf 180 °C vorheizen. Die **Kräuter** waschen und mit der Küchenschere zerkleinern. Die **Mandarinen** auspressen, den Saft absieben.
- Den **Kabeljau** in eine ofenfeste Form legen und im Ofen 10 Minuten garen. Mit **Mandarinensaft** und **Sojasauce** übergießen, mit den frischen **Kräutern** bestreuen und zum Servieren mit etwas Olivenöl beträufeln.

DORADE ASIATISCH

210 kcal/Pers.

—

laktosefrei

Dorade
x 1 (küchenfertig)

junger Lauch
x 1 (klein)

Ingwer
150 g

Zitronengras
2 Stangen

Sojasauce
4 EL

Salz, Pfeffer

Zubereitung: 20 Min.
Garzeit: 30 Min.

- Den Ofen auf 180 °C vorheizen. **Ingwer** schälen und raspeln. **Lauch** und **Zitronengras** längs in sehr dünne Streifen schneiden.
- **Dorade** in eine Form legen, **Ingwer**, **Lauch**, **Zitronengras** und 1 Glas Wasser hinzugeben, salzen und pfeffern. Im Ofen 30 Minuten garen, dabei regelmäßig mit der Flüssigkeit begießen. Vor dem Servieren mit **Sojasauce** beträufeln.

TINTENFISCH MIT TOMATEN & KAPERN

180 kcal/Pers.

—

laktosefrei

—

glutenfrei

Tintenfisch
x 1 (ca. 1 kg)

Kirschtomaten
650 g

Weißwein
50 ml

Bouquet garni
x 1

Kapern
100 g

Salz, Pfeffer

Zubereitung: 15 Min.
Garzeit: 40 Min.

- Den **Tintenfisch** in einem Topf mit Wasser bedecken, aufkochen und 20 Minuten köcheln lassen, dann im Wasser abkühlen lassen.
- Die halbierten **Tomaten** mit **Weißwein**, 50 ml Tintenfisch-Kochwasser, **Kapern** und **Bouquet garni** in einem Topf 20 Minuten köcheln lassen.
- Den **Tintenfisch** in Stücke schneiden und dazugeben. Salzen, pfeffern und servieren.

SAUERKRAUT MIT GAMBAS

365 kcal/Pers.

—

laktosefrei

rohe Riesengarnelen
x 4 (ausgelöst)

Sauerkraut
500 g

Kreuzkümmel
2 EL

Dill
1 Bund

Bier
200 ml

Salz, Pfeffer

Zubereitung: 5 Min.
Garzeit: 20 Min.

- Das **Sauerkraut** mit **Bier** und **Kreuzkümmel** in einen Topf geben und bei schwacher Hitze 20 Minuten köcheln lassen. Nach der Hälfte der Zeit die entdarmten und halbierten **Riesengarnelen** hinzugeben, salzen und pfeffern.
- **Sauerkraut** und **Garnelen** auf einer Platte anrichten. **Dill** mit der Küchenschere zerkleinern und darüberstreuen. Servieren.

MAKRELEN IN PERGAMENT

240 kcal/Pers.

—

laktosefrei

—

glutenfrei

Makrelenfilets
x 4

körniger Senf
2 EL

Lauchstange
x 1 (klein)

Rosmarin
4 Zweige

Zubereitung: 15 Min.
Garzeit: 20 Min.

- Den Ofen auf 180 °C vorheizen.
- Den in feine Streifen geschnittenen **Lauch**, die **Makrelenfilets**, **Rosmarin** und **Senf** auf 4 Blätter Backpapier verteilen.
- Jedes Blatt zu einem luftdichten Päckchen verschließen. Die Päckchen im Ofen 20 Minuten garen, dann auf Tellern anrichten und servieren.

VENUSMUSCHELN MIT SCHINKEN

270 kcal/Pers.

—

glutenfrei

Venusmuscheln
x 60

gekochter Schinken
3 Scheiben (ohne Fettrand)

Kochsahne
200 ml

Zitronenthymian
1 Bund

Salz, Pfeffer

Zubereitung: 20 Min.
Garzeit: 10 Min.

- **Schinken** fein hacken. **Venusmuscheln** unter fließend kaltem Wasser abbürsten. **Thymian** und **Muscheln** in 20 ml kochendes Wasser geben und köcheln lassen, bis sie sich geöffnet haben.
- **Muscheln** auf 4 Schälchen verteilen. Den Sud absieben, mit der **Kochsahne** mischen und aufkochen lassen, **Schinken** unterheben, salzen und pfeffern, dann über die Muscheln geben.

SCHWERTFISCH MIT TOMATEN & KAPERN

237 kcal/Pers.

—

dampfgegart

—

glutenfrei

Schwertfischsteaks
x 4

Kirschtomaten
x 8

Oregano
2 TL

Olivenöl
2 EL

Kapern
4 TL

Salz, Pfeffer

Zubereitung: 10 Min.
Garzeit: 5 Min.

- Die **Tomaten** vierteln und mit den **Kapern**, dem **Oregano** und dem **Olivenöl** mischen. Salzen, pfeffern.
- Die **Schwertfischsteaks** 5 Minuten dampfgaren. Auf einem Teller anrichten, die **Tomatenmischung** darübergeben und servieren.

SEELACHS MIT ZITRONE IN PERGAMENT

150 kcal/Pers.

—

glutenfrei

—

laktosefrei

Seelachsfilets
x 4

schwarze Oliven
x 20 (entsteint)

unbehandelte Zitronen
x 2

Tomaten
x 4 (mittelgroß)

Romarin
4 Zweige

Salz, Pfeffer

Zubereitung: 10 Min.
Garzeit: 15 Min.

- Den Ofen auf 180 °C vorheizen.
- Die **Seelachsfilets**, die **Tomaten** und die in Scheiben geschnittenen **Zitronen**, den **Rosmarin** und die **Oliven** auf 4 Blätter Backpapier verteilen, salzen und pfeffern. Jedes Blatt zu einem luftdichten Päckchen verschließen. Die Päckchen im Ofen 15 Minuten garen, dann auf Tellern anrichten und servieren.

SEELACHS MIT WALDPILZEN

170 kcal/Pers.

—

laktosefrei

Seelachsfilets
x 4

Trompetenpfifferlinge
200 g

Pfifferlinge
200 g

Estragon
1 Bund

Sojasauce
8 EL

Salz, Pfeffer

Zubereitung: 10 Min.
Garzeit: 15 Min.

- Den Ofen auf 180 °C vorheizen.
- Die **Fischfilets** in eine große ofenfeste Form geben, salzen und pfeffern. Die grob zerkleinerten **Pilze**, 20 ml **Wasser** und die **Sojasauce** dazugeben und alles im Ofen 15 Minuten garen.
- Den **Estragon** mit der Küchenschere zerkleinern und über den Fisch streuen. Direkt in der Form servieren.

RÖLLCHEN VON ZWEIERLEI LACHS

410 kcal/Pers.

—

dampfgegart

—

glutenfrei

frisches Lachsfilet
400 g

Räucherlachs
8 Scheiben

Lachskaviar
4 TL

Limetten
x 2

Salz, Pfeffer

Zubereitung: 15 Min.
Garzeit: 3 Min.

- Das **Lachsfilet** in kleine Stücke schneiden. Mit dem **Lachskaviar** und dem ausgepressten Saft der **Limetten** mischen, salzen und pfeffern.
- Die Mischung auf den **Räucherlachsscheiben** verteilen und vorsichtig einrollen.
- Die Lachsröllchen auf Backpapier legen und etwa 3 Minuten dampfgaren.

STEINBUTT MIT ORANGE IN PERGAMENT

260 kcal/Pers.

—

laktosefrei

Steinbutt
x 2 (à 700 g)

unbehandelte Orangen
x 2

Thymian
6 Zweige

Olivenöl
1 EL

Sojasauce
4 EL

Salz, Pfeffer

Zubereitung: 10 Min.
Garzeit: 25 Min.

- Den Ofen auf 180 °C vorheizen. Eine **Orange** auspressen, eine in Scheiben schneiden.
- **Steinbutt**, **Orangenscheiben** und **-saft**, **Thymian** und etwas **Olivenöl** auf 2 Blätter Backpapier verteilen, salzen und pfeffern. Blätter zu luftdichten Päckchen verschließen. Im Ofen etwa 25 Minuten garen, bis der Fisch weich ist. Mit etwas **Sojasauce** beträufeln und servieren.

KABELJAU IN PERGAMENT

120 kcal/Pers.

—

laktosefrei

—

glutenfrei

Kabeljaurücken
600 g

Radieschen
x 12

Gurke
(100 g)

Anissamen
2 TL

Salz, Pfeffer

Olivenöl

Zubereitung: 15 Min.
Garzeit: 25 Min.

- Den Ofen auf 180 °C vorheizen.
- Den **Kabeljau** auf 4 Blätter Backpapier verteilen. Die **Radieschen** und die **Gurke** in dünne Scheiben schneiden und hinzugeben. Alles mit **Anissamen** bestreuen, salzen und pfeffern.
- Die Blätter zu luftdichten Päckchen verschließen und 25 Minuten im Ofen garen. Zum Servieren mit etwas Olivenöl beträufeln.

DORADE MIT THYMIAN IN PERGAMENT

133 kcal/Pers.

—

laktosefrei

—

glutenfrei

Doradenfilets
x 4

Kirschtomaten
x 12

Zucchini
x 2 (klein)

Thymian
12 Zweige

Lorbeerblätter
x 4

Salz, Pfeffer

Olivenöl

Zubereitung: 20 Min.
Garzeit: 25 Min.

- Den Ofen auf 180 °C vorheizen.
- Die **Doradenfilets** auf 4 Blätter Backpapier verteilen. Halbierten **Tomaten**, grob geraspelte **Zucchini**, **Thymian** und **Lorbeer** dazugeben. Salzen, pfeffern.
- Die Blätter zu luftdichten Päckchen verschließen und 25 Minuten im Ofen garen. Zum Servieren mit etwas Olivenöl beträufeln.

LACHS MIT SPARGEL

104 kcal/Pers.

—

laktosefrei

—

glutenfrei

Lachsfilets
x 4

Grüner Spargel
x 16

Kürbiskerne
2 EL

Salz, Pfeffer

Olivenöl

Zubereitung: 10 Min.
Garzeit: 5 Min.

- Den **Spargel** von den holzigen Enden befreien und in Stücke schneiden.
- **Lachsfilets**, **Spargel** und **Kürbiskerne** in den Dampfgarer legen, salzen, pfeffern und 5 Minuten garen.
- Auf Tellern anrichten, mit etwas Olivenöl beträufeln und servieren.

JAKOBSMUSCHELN IN PERGAMENT

135 kcal/Pers.

—

laktosefrei

—

glutenfrei

Jakobsmuscheln
x 12 (mit oder ohne Rogen)

rohe Garnelen
x 12 (ausgelöst)

Kirschtomaten
x 24 (am besten bunte)

getrockneter Oregano
1 EL

Weißwein
4 EL

Salz, Pfeffer

Olivenöl

Zubereitung: 10 Min.
Garzeit: 25 Min.

- Den Ofen auf 180 °C vorheizen.
- Die **Jakobsmuscheln** und die entdarmten **Garnelen** auf 4 Blätter Backpapier verteilen. Die **Tomaten**, den **Weißwein** und den **Oregano** hinzufügen. Salzen, pfeffern.
- Die Blätter zu luftdichten Päckchen verschließen und im Ofen 25 Minuten garen. Mit etwas Olivenöl beträufeln und servieren.

ROTBARBEN MIT ORANGE & ROSMARIN

200 kcal/Pers.

—

laktosefrei

—

glutenfrei

Rotbarben
x 4 (küchenfertig)

Orange
x 1

Romarin
2 Zweige

Knoblauch
4 Zehen

Limetten
x 2

Salz, Pfeffer

Olivenöl

Zubereitung: 15 Min.
Garzeit: 15 Min.
Marinierzeit: 2 h

- Die **Rotbarben** auf einen tiefen Teller legen. **Rosmarin**, gehackten **Knoblauch** und **Orangen-** und **Limettensaft** hinzugeben, salzen und pfeffern. 2 Stunden im Kühlschrank marinieren.
- Den Ofen auf 180 °C vorheizen. **Rotbarben** aus der Marinade nehmen und im Ofen 15 Minuten garen. Mit **Marinade** und etwas Olivenöl beträufeln und servieren.

JAKOBSMUSCHELN MIT PASTINAKENPÜREE

140 kcal/Pers.

—

laktosefrei

—

glutenfrei

Jakobsmuscheln
x 8 + 4 Muschelschalen

Pastinaken
300 g

unbehandelte Zitronen
x 3

Thymian
4 Zweige

Salz, Pfeffer

Olivenöl

Zubereitung: 20 Min.
Garzeit: 35 Min.

- **Pastinaken** mit Wasser bedecken und 30 Minuten kochen, dann mit dem Stabmixer pürieren.
- Den Ofen auf 180 °C vorheizen. Das **Püree** salzen, pfeffern und auf 4 Muschelschalen verteilen. **Jakobsmuscheln** daraufsetzen, mit **Thymian** bestreuen und etwas **Zitronenschale** darüberraspeln. Die Muscheln im Ofen 5 Minuten garen, vor dem Servieren mit Olivenöl beträufeln.

TINTENFISCH-CURRY

594 kcal/Pers.

—

glutenfrei

—

laktosefrei

Tintenfisch
x 1 (1 kg)

Currypulver
2 EL

Kokosmilch
800 ml

Zucchini
x 2 (in Scheiben geschnitten)

Basilikum
1 Bund (gehackt)

Zubereitung: 25 Min.
Garzeit: 45 Min.

- **Zucchini** in der **Kokosmilch** mit dem **Curry** 25 Minuten bei schwacher Hitze köcheln lassen.
- Den **Tintenfisch** mit Wasser bedecken und zum Kochen bringen. Nach 20 Minuten die Herdplatte ausschalten und den Tintenfisch im Wasser abkühlen lassen, dann in Stücke schneiden.
- **Tintenfisch** und **Basilikum** in die Sauce geben, kurz erwärmen und servieren.

ROTBARBEN MIT SELLERIE & APFEL

224 kcal/Pers.

—

glutenfrei

—

laktosefrei

Rotbarbenfilets
x 8

Apfel
x 1

Knollensellerie
600 g

Fenchelsamen
1 EL

Salz, Pfeffer

Olivenöl

Zubereitung: 20 Min.
Garzeit: 45 Min.

• **Apfel** (ein paar Spalten beiseitelegen) und **Sellerie** in Würfel schneiden. In 500 ml Wasser bei schwacher Hitze 35 Minuten köcheln lassen, dann mit dem Stabmixer pürieren, salzen und pfeffern.

• Den Ofen auf 180 °C vorheizen. Das Püree in eine Auflaufform geben. **Rotbarben** und **Apfelspalten** darauf verteilen, mit **Fenchel** bestreuen und 10 Minuten garen. Mit Olivenöl beträufeln.

SEEBARSCH MIT TOMATEN

134 kcal/Pers.

—

dampfgegart

—

glutenfrei

Seebarschfilets
x 4 (ohne Haut)

Tomaten
x 4 (mittelgroß)

Basilikum
12 große Blätter

Salz, Pfeffer

Olivenöl

Zubereitung: 15 Min.
Garzeit: 10 Min.

- **Seebarschfilets** und **Tomaten** dritteln. Abwechselnd **Seebarsch**, **Basilikum** und **Tomate** aufeinanderschichten. Salzen, pfeffern, mit einem kleinen Holzspieß fixieren und 10 Minuten dampfgaren.
- Die **Tomaten** auf Tellern anrichten und die Spieße herausziehen. Mit Olivenöl beträufeln und servieren.

JAKOBSMUSCHELN MIT HONIG & SPARGEL

64 kcal/Pers.

—

laktosefrei

Jakobsmuscheln
x 12 (mit oder ohne Rogen)

grüner Spargel
x 12

flüssiger Honig
2 EL

Thymian
4 Zweige

Sojasauce
3 EL

Salz, Pfeffer

Zubereitung: 20 Min.
Garzeit: 10 Min.

- Den **Spargel** von den holzigen Enden befreien und in Stücke schneiden.
- **Honig** in einer Pfanne erhitzen. Die **Jakobsmuscheln** und den **Spargel** darin anbraten, **Thymian** und **Sojasauce** hinzugeben.
- Alles 3 Minuten unter Rühren köcheln lassen, dann salzen, pfeffern und servieren.

JAKOBSMUSCHELN NACH THAI-ART

130 kcal/Pers.

—

laktosefrei

—

glutenfrei

Jakobsmuscheln
x 16 (mit oder ohne Rogen)

Ingwer
50 g

rote Chilischote
x 1 (nach Belieben)

Zitronengras
2 Stangen

Basilikum
20 Blätter

Zubereitung: 10 Min.
Garzeit: 15 Min.

- Den Ofen auf 180 °C vorheizen. Die **Jakobsmuscheln**, den geschälten und geraspelten **Ingwer**, das in dünne Streifen geschnittene **Zitronengras** und die fein gehackte **Chilischote** auf 4 Blätter Backpapier verteilen.
- Die Blätter zu luftdichten Päckchen falten und im Ofen 15 Minuten garen. Öffnen, mit **Basilikumblättern** garnieren und servieren.

KABELJAURÜCKEN ORIENTALISCH

367 kcal/Pers.

—

laktosefrei

—

glutenfrei

Kabeljaurückenfilets
x 4 (à ca. 180 g)

rote Paprikaschoten
x 2

eingelegte Zitronen
x 2 (in Stücke geschnitten)

Kokosmilch
400 ml

schwarze Oliven
x 20 (entsteint)

Salz, Pfeffer

Olivenöl

Zubereitung: 25 Min.
Garzeit: 40 Min.

• **Paprikaschoten** in Stücke schneiden und in der **Kokosmilch** 20 Minuten kochen, dann mit dem Stabmixer pürieren, salzen und pfeffern.

• Den Ofen auf 180 °C vorheizen. Den **Kabeljau** in eine Auflaufform legen, die Paprika-Coulis darübergeben. **Zitronen** und **Oliven** hinzufügen und alles im Ofen 20 Minuten garen.
Zum Servieren mit Olivenöl beträufeln.

SEETEUFELBÄCKCHEN MIT TOMATEN

195 kcal/Pers.

—

laktosefrei

—

glutenfrei

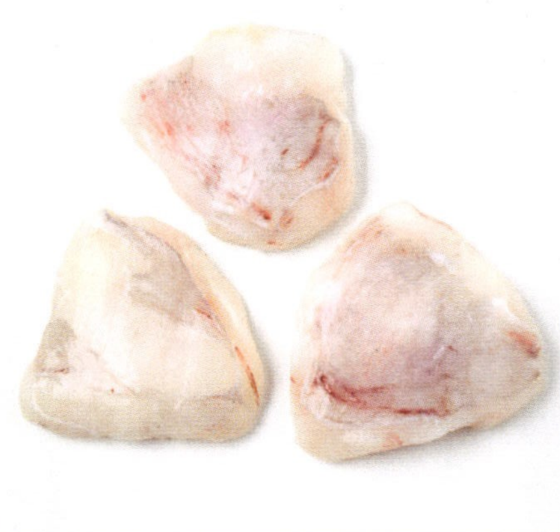

Seeteufelbäckchen
600 g

Kirschtomaten
500 g (am besten bunte)

Weißwein
100 ml

Basilikum
20 Blätter

Olivenöl
1 EL

Salz, Pfeffer

Zubereitung: 10 Min.
Garzeit: 25 Min.

- Die **Seeteufelbäckchen**, die halbierten **Tomaten**, den **Weißwein**, das **Olivenöl** und 20 ml Wasser in einen Topf geben. Bei schwacher Hitze 25 Minuten köcheln lassen.
- Salzen, pfeffern, die **Basilikumblätter** dazugeben und servieren.

SEETEUFEL-EINTOPF MIT SAFRAN

193 kcal/Pers.

—

laktosefrei

—

glutenfrei

Seeteufel
x 1 (ca. 800 g)

Lauchstange
x 1

Weiße Rüben
x 6

Safran
10 Fäden

Möhren
x 4

Salz, Pfeffer

Zubereitung: 15 Min.
Garzeit: 45 Min.

• Den **Seeteufel**, das geschälte und in große Stücke zerteilte **Gemüse** und den **Safran** in einen großen Topf geben und in 1,5 l Wasser bei sehr schwacher Hitze 45 Minuten köcheln lassen. Wenn die Bouillon zu stark einkocht, etwas Wasser hinzufügen. Salzen, pfeffern und direkt im Topf servieren.

LACHS MIT GEMÜSE IN PERGAMENT

322 kcal/Pers.

—

laktosefrei

—

glutenfrei

Lachsfilets
x 4 (à 150 g)

Erbsen
200 g (TK oder frisch)

Zucchini
x 1

Basilikum
1 Bund

Zuckerschoten
120 g

Salz, Pfeffer

Olivenöl

Zubereitung: 15 Min.
Garzeit: 15 Min.

- Den Ofen auf 180 °C vorheizen.
- Den **Lachs**, die in Scheiben geschnittenen **Zucchini** und das restliche **Gemüse** auf 4 Blätter Backpapier verteilen, salzen und pfeffern. Die Blätter zu luftdichten Päckchen verschließen.
- Die Päckchen im Ofen 15 Minuten garen. Dann öffnen, zerkleinertes **Basilikum** darübergeben, mit etwas Olivenöl beträufeln und servieren.

WITTLING MIT MUSCHELN IN PERGAMENT

178 kcal/Pers.

—

glutenfrei

—

laktosefrei

Wittlingfilets
x 4

rohe Garnelen
x 8 (ausgelöst)

Herzmuscheln
x 20

Miesmuscheln
x 20

Thymian
8 Zweige

Salz, Pfeffer

Zubereitung: 15 Min.
Garzeit: 15 Min.

- Den Ofen auf 180 °C vorheizen.
- Die **Fischfilets**, die entdarmten **Garnelen**, die **Miesmuscheln**, die **Herzmuscheln** und den **Thymian** auf 4 Blätter Backpapier verteilen, salzen und pfeffern. Die Blätter zu luftdichten Päckchen verschließen.
- Die Päckchen im Ofen 20 Minuten garen.

Auf Tellern anrichten und servieren.

MAKRELEN AUF JAPANISCHE ART

304 kcal/Pers.

—

laktosefrei

Makrelenfilets
x 4 (à 150 g)

Radieschen
x 16

Sojasauce
1 EL

eingelegter Ingwer
30 g

Wasabi
1 TL

Zubereitung: 15 Min.
Garzeit: 20 Min.

- Den Ofen auf 180 °C vorheizen.
- **Makrelenfilets**, in Scheiben geschnittene **Radieschen**, **Ingwer**, **Sojasauce** und **Wasabi** auf 4 Blätter Backpapier verteilen. Die Blätter zu luftdichten Päckchen verschließen.
- Die Päckchen im Ofen 20 Minuten garen.

Auf Tellern anrichten und servieren.

MUSCHELN MIT ROSMARIN IN PERGAMENT

180 kcal/Pers.

—

glutenfrei

—

laktosefrei

Miesmuscheln
1 kg

Rosmarin
8 Zweige

Kirschtomaten
x 20

Salz, Pfeffer

Zubereitung: 10 Min.
Garzeit: 20 Min.

- Den Ofen auf 180 °C vorheizen.
- Die **Miesmuscheln**, den **Rosmarin** und die halbierten **Tomaten** auf 4 Blätter Backpapier verteilen, salzen und pfeffern. Die Blätter zu luftdichten Päckchen verschließen.
- Die Päckchen im Ofen 20 Minuten garen.

Auf Tellern anrichten und servieren.

ERBSEN-SPINAT-QUICHE MIT ZIEGENKÄSE

264 kcal/Pers.

—

Veggie

—

glutenfrei

junger Blattspinat
150 g

Eier
x 4

Ziegenfrischkäse
300 g

Estragon
1 Bund

Erbsen
400 g (TK oder frisch)

Salz, Pfeffer

Zubereitung: 30 Min.
Garzeit: 25 Min.

- Den Ofen auf 200 °C vorheizen. Eine Tarteform mit angefeuchtetem Backpapier auslegen.
- **Ziegenkäse**, **Erbsen**, von den Stielenden befreiten **Spinat**, zerkleinerten **Estragon** und **Eier** mischen, salzen und pfeffern.
- Die Mischung in die Tarteform geben, gleichmäßig verteilen, leicht andrücken und im Ofen 25 Minuten backen. Heiß oder kalt servieren.

GEFÜLLTE ZUCCHINIBLÜTEN

273 kcal/Pers.

—

Veggie

—

glutenfrei

Zucchiniblüten
x 8

unbehandelte Zitronen
x 2

getrockneter Oregano
2 TL

Ei
x 1

Ricotta
400 g

Salz, Pfeffer

Olivenöl

Zubereitung: 20 Min.
Garzeit: 25 Min.

- Den Ofen auf 180 °C vorheizen. **Ricotta**, **Oregano**, **Ei**, **Zitronensaft** und abgeriebene **Zitronenschale** mischen. Salzen und pfeffern.
- Die **Zucchiniblüten** vorsichtig mit der Mischung füllen, in eine ofenfeste Form legen und im Ofen 25 Minuten backen.
- Mit etwas Olivenöl beträufeln und lauwarm oder kalt servieren.

GEMÜSE-COUSCOUS

97 kcal/Pers.

—

Veggie

—

dampfgegart

Blumenkohl
900 g

junge Mairübchen
1 Bund

Radieschen
x 12

junge Möhren
1 Bund

Koriandergrün
1 Bund (grob gehackt)

Salz, Pfeffer

Olivenöl

Zubereitung: 25 Min.
Garzeit: 20 Min.

- **Möhren** und **Mairübchen** schälen, **Radieschen** von den Blättern befreien. Den **Blumenkohl** vom Strunk befreien, die Röschen raspeln.
- Die **Blumenkohlraspel** auf ein angefeuchtetes Blatt Backpapier legen, das restliche **Gemüse** darübergeben und 20 Minuten dampfgaren.
- Den Couscous vor dem Servieren mit **Koriander** bestreuen und mit Olivenöl beträufeln.

TOMATEN-TARTE MIT ZIEGENKÄSE

225 kcal/Pers.

—

Veggie

—

glutenfrei

gelbe Kirschtomaten
300 g

Ziegenfrischkäse
300 g

Ei
x 4

Romarin
1 Zweig

Salz, Pfeffer

Zubereitung: 30 Min.
Garzeit: 25 Min.

- Den Ofen auf 200 °C vorheizen. Eine Tarteform mit angefeuchtetem Backpapier auslegen.
- Den **Ziegenkäse**, die in Stücke geschnittenen **Tomaten**, den gehackten **Rosmarin** und die **Eier** mischen. Salzen, pfeffern.
- Die Masse in die Form geben, gleichmäßig verteilen, andrücken und im Ofen 25 Minuten backen. Heiß oder kalt servieren.

GEMÜSE-EINTOPF

31 kcal/Pers.

—

Veggie

Herbstrüben
x 4

Lauchstange
x 1

Möhren
x 4

Salbei
1 Bund

Salz, Pfeffer

Zubereitung: 20 Min.
Garzeit: 1 h

- Die **Lauchstange** dritteln und waschen. Die **Möhren** und die **Herbstrüben** schälen.
- Das **Gemüse** und den **Salbei** mit 2 l Wasser in einen Topf geben und bei sehr schwacher Hitze 1 Stunde köcheln lassen. Salzen, pfeffern und heiß servieren.

GRÜNES GEMÜSE MIT ROTER PAPRIKA

117 kcal/Pers.

—

Veggie

rote Paprikaschoten
x 2

Brokkoli
200 g

Erbsen
200 g (TK oder frisch)

Oregano
2 TL

Zuckerschoten
400 g

Salz, Pfeffer

Zubereitung: 10 Min.
Garzeit: 25 Min.

- **Zuckerschoten**, in Röschen geschnittenen **Brokkoli** und **Erbsen** 10 Minuten dampfgaren.
- Die **Paprikaschoten** entkernen, in grobe Stücke schneiden und in 100 ml Wasser 15 Minuten kochen. Salzen, pfeffern und pürieren.
- Das Paprika-Coulis auf eine Servierplatte geben, das **Gemüse** darauf anrichten und mit dem **Oregano** bestreuen.

CLEMENTINENSALAT MIT PISTAZIEN

118 kcal/Pers.

—

glutenfrei

—

laktosefrei

Clementinen
x 16 (ohne Kerne)

geschälte Pistazien
2 EL

Estragon
4 Zweige

Orangenblütenwasser
4 EL

Honig
1 EL

Zubereitung: 30 Min.
Marinierzeit: 20 Min.

- Die **Pistazien** grob hacken. Den **Honig** mit dem **Orangenblütenwasser** mischen.
- Die **Clementinen** mit einem scharfen Messer schälen, von der weißen Haut befreien und in Scheiben schneiden.
- Alle Zutaten in einer Schüssel mischen und 20 Minuten im Kühlschrank marinieren. Gehackten **Estragon** darübergeben und servieren.

HEIDELBEER-GRATIN

182 kcal/Pers.

—

glutenfrei

Heidelbeeren
300 g

Eier
x 2

Milch
100 ml

Honig
1 EL

gemahlene Mandeln
50 g

Zubereitung: 10 Min.
Garzeit: 20 Min.

- Den Ofen auf 180 °C vorheizen.
- Alle Zutaten bis auf die **Heidelbeeren** mischen und schaumig schlagen.
- Die **Heidelbeeren** auf 4 ofenfeste Förmchen verteilen. Die Eiermasse darübergeben und die Gratins im Ofen 20 Minuten backen. Lauwarm oder kalt servieren.

APRIKOSEN-RÖLLCHEN MIT ROSMARIN

118 kcal/Pers.

—

laktosefrei

Aprikosen
x 8

Romarin
4 kleine Zweige

Honig
2 EL

Olivenöl
4 EL

Brickteig
4 Blätter

Zubereitung: 15 Min.
Garzeit: 25 Min.

- Den Ofen auf 180 °C vorheizen. Die **Aprikosen** entsteinen und in Stücke schneiden.
- Die **Teigblätter** mit **Olivenöl** bepinseln. In die Mitte jedes Blattes **Aprikosen** und gehackten **Rosmarin** geben, mit **Honig** beträufeln. Die seitlichen Teigränder über den Zutaten einschlagen und den Teig fest aufrollen.
- Im Ofen 25 Minuten backen. Heiß servieren.

OBSTSALAT MIT ROSÉ-CHAMPAGNER

161 kcal/Pers.

—

ohne Zuckerzusatz

—

vegan

Erdbeeren
400 g

Wassermelone
400 g

Heidelbeeren
100 g

Rosé-Champagner
500 ml

rosa Grapefruit
x 1

Zubereitung: 20 Min.

- Die **Wassermelone** in kleine Stücke schneiden und portionsweise auf Schälchen verteilen. Die geviertelten **Erdbeeren**, die **Heidelbeeren** und den ausgepressten, abgesiebten **Grapefruitsaft** hinzufügen.
- Den Obstsalat bis zum Servieren kühl stellen. Mit gut gekühltem **Champagner** übergießen und sofort servieren.

KIRSCH-CLAFOUTIS

133 kcal/Pers.

—

glutenfrei

Kirschen
x 60

Eier
x 2

Milch
100 ml

flüssiger Honig
1 EL

gemahlene Mandeln
50 g

Zubereitung: 20 Min.
Garzeit: 25 Min.

- Den Ofen auf 180 °C vorheizen.
- Alle Zutaten bis auf die **Kirschen** mischen und schaumig rühren.
- Die **Kirschen** entsteinen und in eine flache ofenfeste Form geben. Die Eiermischung darübergießen. Den Clafoutis im Ofen 25 Minuten backen. Lauwarm oder kalt servieren.

KOKOS-SCHOKO-KUGELN

313 kcal/Pers.

—

glutenfrei

Kokosraspel
180 g

Schokolade 70 % Kakao
6 Stücke

Eier, getrennt
x 2 (nur die Eiweiße)

Honig
2 EL

Zubereitung: 15 Min.
Garzeit: 5 Min.

- Den Ofen auf 210 °C vorheizen.
- Die **Eiweiße**, den **Honig** und die **Kokosraspel** vorsichtig vermischen. Aus der Masse 12 Kugeln formen und mit etwas Abstand auf ein mit Backpapier belegtes Backblech setzen.
- In jede Kugel ½ Stück **Schokolade** setzen. Die Kugeln 5 Minuten im Ofen backen. Abkühlen lassen und servieren.

KIRSCHSUPPE MIT MINZE

133 kcal/Pers.

—

glutenfrei

—

laktosefrei

Kirschen
x 32

Minze
1 Bund

Rotwein
500 ml

Honig
3 EL

Sternanis
x 5

Zubereitung: 15 Min.
Garzeit: 25 Min.
Kühlzeit: 1 h

- Den **Rotwein**, den **Honig** und den **Sternanis** in einem Topf mischen und bei sehr schwacher Hitze 25 Minuten köcheln lassen. Vom Herd nehmen und die **Minze** als Bund hineingeben. 1 Stunde im Kühlschrank durchziehen lassen, dann die Minze herausnehmen.
- Die **Kirschen** entsteinen, mit dem aromatisierten Rotwein mischen und servieren.

APRIKOSEN MIT VANILLE & ZITRONE

106 kcal/Pers.

—

vegan

Aprikosen
x 8

Vanille
2 Schoten

unbehandelte Zitrone
x 1

Dessertwein
500 ml

Zubereitung: 10 Min.
Garzeit: 45 Min.

- Den **Dessertwein** in einen Topf geben. Ausgekratztes Vanillemark, aufgeschnittene **Vanilleschoten** sowie Saft und Schale der **Zitrone** hinzufügen. Alles zum Kochen bringen und bei schwacher Hitze auf die Hälfte reduzieren.
- Die **Aprikosen** entsteinen und in den Topf geben. Die Mischung vom Herd nehmen, abkühlen lassen und kühl stellen. Kalt servieren.

LITSCHIS & HIMBEEREN MIT CHAMPAGNER

110 kcal/Pers.

—

vegan

—

glutenfrei

Himbeeren
250 g

Litschis
x 20

Minze
8 Blätter

Rosé-Champagner
500 ml

Zubereitung: 15 Min.
Garzeit: 25 Min.

- Die **Litschis** schälen und in Stücke schneiden. Die **Himbeeren** halbieren. Die **Minze** waschen, hacken und mit dem Obst mischen. Den Obstsalat portionsweise auf tiefen Tellern anrichten und kalt stellen.
- Direkt vor dem Servieren den gut gekühlten **Champagner** dazugießen.

BRATÄPFEL

146 kcal/Pers.

—

laktosefrei

Kochäpfel
x 4 (z. B. Boskoop)

Trockenpflaumen
x 8 (entsteint)

Haselnüsse
x 20

Honig
4 EL

Mandelblättchen
2 EL

Zubereitung: 10 Min.
Garzeit: 20 Min.

- Den Ofen auf 180 °C vorheizen.
- Von den **Äpfeln** einen Deckel abschneiden, die Äpfel aushöhlen. Das Fruchtfleisch mit den zerkleinerten **Trockenpflaumen**, den **Mandelblättchen**, den gehackten **Haselnüssen** und dem **Honig** mischen.
- Die Äpfel damit füllen und im Ofen 20 Minuten braten. Lauwarm servieren.

MOUSSE AU CHOCOLAT MIT HIMBEEREN

450 kcal/Pers.

—

glutenfrei

Schokolade 70 % Kakao
200 g

Eier
x 6

Himbeeren
200 g

Zubereitung: 20 Min.
Kühlzeit: 2 h

- Die **Eier** trennen. Die **Schokolade** im Wasserbad schmelzen und mit den **Eigelben** mischen.
- Die **Eiweiße** steif schlagen und den Eischnee vorsichtig unter die geschmolzene **Schokolade** ziehen. Die **Himbeeren** grob zerkleinern und unterheben.
- Die Mousse in 4 Förmchen füllen und 2 Stunden im Kühlschrank fest werden lassen.

GEBACKENE APRIKOSEN MIT MANDELN

64 kcal/Pers.

—

glutenfrei

—

laktosefrei

Aprikosen
x 4

Mandelblättchen
2 EL

flüssiger Honig
2 EL

gemahlene Mandeln
3 EL

Zubereitung: 15 Min.
Garzeit: 11 Min.

- Den Ofen auf 180 °C vorheizen. Die **Aprikosen** halbieren und entsteinen.
- **Honig**, **gemahlene Mandeln** und **Mandelblättchen** in einen Topf geben und 1 Minute unter Rühren erhitzen.
- Auf jede **Aprikosenhälfte** etwas **Honig-Mandel-Mischung** geben und im Ofen 10 Minuten backen. Heiß oder kalt servieren.

PASSIONSFRUCHT MIT SCHOKOLADE

—

105 kcal/Pers.

—

Passionsfrüchte
x 6

Schokolade 70 % Kakao
4 Stücke

Kochsahne
4 EL

Zubereitung: 10 Min.
Garzeit: 5 Min.
Kühlzeit: 1 h

• Die **Passionsfrüchte** halbieren und das Fruchtfleisch herauslösen. Die **Schokolade** mit der **Sahne** in einer Schüssel über einem Topf mit kochendem Wasser unter Rühren schmelzen.

• Die Herdplatte ausschalten, das **Fruchtfleisch** dazugeben, alles gut mischen und in die Passionsfruchthälften füllen. 1 Stunde im Kühlschrank fest werden lassen, dann servieren.

ZITRONEN-HIMBEER-HALBGEFRORENES

130 kcal/Pers.

—

glutenfrei

Zitronen
x 4

Himbeeren
100 g

flüssiger Honig
2 EL

Frischkäse 20 %
240 g

Zubereitung: 15 Min.
Gefrierzeit: 1 h 15 Min.

- Von den **Zitronen** einen Deckel abschneiden. Die Zitronen mit einem scharfen Messer aushöhlen, dabei den Saft auffangen.
- Den **Frischkäse** mit den zerdrückten **Himbeeren**, dem **Honig** und der Hälfte des **Zitronensafts** mischen. Die Zitronen damit füllen und 75 Minuten im Gefrierfach fest werden lassen. Halbgefroren servieren.

BIRNEN-BROMBEER-DESSERT

91 kcal/Pers.

—

ohne Zuckerzusatz

Birnen
x 2 (in Stücke geschnitten)

Brombeeren
100 g

Brickteig
2 Blätter

Vanille
1 Schote (nur das Mark)

Frischkäse 20 %
120 g

Olivenöl

Zubereitung: 10 Min.
Garzeit: 5 Min.

- Den Ofen auf 200 °C vorheizen. Den **Brickteig** mit Olivenöl bepinseln.
- Die Teigblätter im Ofen 5 Minuten goldgelb backen, dann in 12 Stücke brechen.
- Die **Birne** mit den zerdrückten **Brombeeren**, dem **Frischkäse** und der **Vanille** mischen. Auf Tellern anrichten und dabei Teigblätter und Obstmischung abwechselnd nebeneinanderschichten.

OBSTSALAT MIT ROSÉ

222 kcal/Pers.

—

vegan

—

ohne Zuckerzusatz

Honigmelonen
x 2

Wassermelone
200 g

Heidelbeeren
100 g

Himbeeren
200 g

Rosé-Wein
500 ml

Zubereitung: 10 Min.
Kühlzeit: 15 Min.

• **Honigmelonen** halbieren und aushöhlen, das Fruchtfleisch in kleine Stücke schneiden.
Mit **Heidelbeeren**, halbierten **Himbeeren** und in Stücke geschnittener **Wassermelone** mischen.
• Das Obst auf die ausgehöhlten Melonenhälften verteilen und den **Rosé** dazugießen. Vor dem Servieren 15 Minuten im Kühlschrank durchziehen lassen.

GEBACKENE NEKTARINEN

116 kcal/Pers.

—

glutenfrei

—

laktosefrei

Nektarinen
x 4

Pinienkerne
3 EL

gemahlene Mandeln
3 EL

Orangenblütenwasser
3 EL

flüssiger Honig
2 EL

Zubereitung: 15 Min.
Garzeit: 21 Min.

- Den Ofen auf 180 °C vorheizen. **Honig** und **Orangenblütenwasser** in einem Topf mischen und 1 Minute erhitzen.
- Die **Nektarinen** entsteinen, in Scheiben schneiden und in eine ofenfeste Form legen. **Mandeln** und **Pinienkerne** darüberstreuen. Mit der **Honigmischung** beträufeln und im Ofen 20 Minuten backen. Lauwarm servieren.

GEFRORENES BEERENDESSERT

116 kcal/Pers.

—

glutenfrei

Beerenmischung
250 g

Eier, getrennt
x 2 (nur die Eiweiße)

Frischkäse 20 %
120 g

flüssiger Honig
50 g

Zubereitung: 25 Min.
Gefrierzeit: 1 Nacht

- **Beeren** und **Frischkäse** mit einer Gabel zerdrücken. Die **Eiweiße** steif schlagen. Den **Honig** erwärmen, zu den Eiweißen geben und 1 Minute weiter schlagen.
- Den **Eischnee** unter die **Beerenmischung** heben. Die Masse in eine Auflaufform geben und über Nacht im Gefrierfach fest werden lassen. Zum Servieren in dicke Scheiben schneiden.

MOUSSE AU CHOCOLAT AUS DEM OFEN

—

450 kcal/Pers.

—

Eier
x 6

Schokolade 70 % Kakao
200 g

Kakaopulver
2 EL

Zubereitung: 15 Min.
Garzeit: 9 Min.

- Den Ofen auf 200 °C vorheizen. Die **Eier** trennen. Die **Schokolade** im Wasserbad schmelzen und mit den **Eigelben** mischen.
- **Eiweiße** steif schlagen, den Eischnee vorsichtig unter die geschmolzene **Schokolade** heben.
- Die Mousse auf vier Förmchen verteilen und im Ofen 9 Minuten backen. Mit **Kakaopulver** bestäuben und lauwarm servieren.

BIRNEN-GRANITA

65 kcal/Pers.

—

vegan

—

ohne Zuckerzusatz

Birnen
x 4 (schön reif)

Basilikum
8 Blätter

Zitrone
x 1

15 Eiswürfel

Zubereitung: 15 Min.

• Die **Birnen** schälen und in Stücke schneiden. Mit dem ausgepressten **Zitronensaft** mischen und kühl stellen.

• Unmittelbar vor dem Servieren die Hälfte der **Birnen** auf Teller verteilen. Die restlichen Birnen mit dem **Basilikum** und 15 Eiswürfeln im Mixer zerkleinern, über die Birnen auf den Tellern geben und sofort servieren.

INHALT

VORSPEISEN

SALATE

SUPPEN UND BOUILLONS

SAUCEN

FLEISCH UND GEFLÜGEL

FISCH UND MEERESFRÜCHTE

VEGETARISCH

DESSERTS

REZEPTREGISTER NACH ZUTATEN

V

W

Z

Noch mehr tolle Bücher:

SIMPLISSIME

Das einfachste Kochbuch der Welt

384 Seiten, 21,2 x 26 cm,
ISBN 978-3-86355-580-1
€ 19,99 (D), € 20,60 (A)

BACKEN: HIGH LIFE – LOW CARB

75 Wohlfühlrezepte mit wenig Kohlenhydraten

21 x 26 cm, 208 Seiten
ISBN 978-3-86355-571-9
€ 24,99 (D), € 25,70 (A)

CLEAN EATING STARTER

100 Rezepte für ein natürlich gesundes Leben – mit Power-Workouts und Fitnessplakat

176 Seiten, 22 x 26 cm,
ISBN 978-3-86355-371-5
€ 24,99 (D), € 25,70 (A)

I LOVE SALAT

60 x Salatgenuss von fruchtig bis herzhaft

128 Seiten, 22,6 x 22,6 cm,
ISBN 978-3-86355-678-5
€ 14,99 (D), € 15,50 (A)

Erscheinungstermin 16.02.2017

Bibliografische Information der Deutschen Bibliothek.

Die Deutsche Bibliothek verzeichnet diese Publikation in der deutschen Nationalbibliografie.
Detaillierte bibliografische Daten sind im Internet über http://www.d-nb.de/ abrufbar.

EIN BUCH DER EDITION MICHAEL FISCHER

1. Auflage 2017

Erstveröffentlicht bei Hachette Livre (Hachette Pratique).

Titel der Originalausgabe: Simplissime: Le livre de cuisine light le plus facile du monde

Aus dem Französischen übertragen von Julia Paiva Nunes
Grafik-Design und Layout : Marie-Paule Jaulme
Lektorat: Elke Sagenschneider, München
Produktmanagement: Juliane Rottach
Gesamtherstellung: Teresa Mittermaier

ISBN 978-3-86355-716-4

Printed in Europe

www.emf-verlag.de